Im Sprachlabor und Zu Hause

Wie geht's?

Sixth Edition

Dieter Sevin
Vanderbilt University

Ingrid Sevin

Holt, Rinehart and Winston
Harcourt College Publishers
Fort Worth Philadelphia San Diego New York Orlando Austin San Antonio
Toronto Montreal London Sydney Tokyo

Cover Image provided by Christie's Images/Super Stock

ISBN: 0-30-021447-5

Address for Domestic Orders
Holt, Rinehart and Winston, 6277 Sea Harbor Drive, Orlando, FL 32887-6777
800-782-4479

Address for International Orders
International Customer Service
Holt, Rinehart and Winston, 6277 Sea Harbor Drive, Orlando, FL 32887-6777
407-345-3800
(fax) 407-345-4060
(e-mail) hbintl@harcourtbrace.com

Address for Editorial Correspondence
Holt, Rinehart and Winston, 301 Commerce Street, Suite 3700, Fort Worth, TX 76102

Web Site Address
http:/ /www.harcourtcollege.com

Printed in the United States of America

0 1 2 3 4 5 6 7 8 202 9 8 7 6 5 4 3 2

Holt, Rinehart and Winston
Harcourt College Publishers

Inhaltsangabe

Im Sprachlabor und zu Hause is the Lab Manual and Workbook accompanying the sixth edition of *Wie geht's?,* a program for first-year German. When the manual is used in conjunction with the laboratory tapes or CDs, students can practice speaking, listening, and writing skills outside the classroom.

IM SPRACHLABOR

The Lab Manual serves as a key to the recorded program. Exercise directions, sample responses, drawings and photos, and other materials necessary for the performance of the laboratory exercises are given. Doted lines (......) signal that an oral response is required.

The recorded session for each *Schritt* lasts 15 to 20 minutes. It consists of the *Gespräche* found in *Wie geht's?,* some of the *Mündliche Übung* drills, a pronunciation exercise, a short passage for listening comprehension followed by questions, and a dictation.

For each *Kapitel,* two sessions are provided, each about 20 minutes in length, with an additional optional 5 minutes for listening to the reading text. The first tape session (Part I) begins with the *Gespräche,* the dialogues taken from the textbook. Each dialogue is given a dramatic reading. The first dialogue is then repeated sentence by sentence with pauses for student repetition. The second dialogue is read again, this time with the lines of one character omitted; the student takes an active part in the dialogue by reading the missing lines. Supplementary grammatical exercises follow, each topic progressing from simple to more complex. All grammar exercises are four-phased: after the task has been set and the student has given an answer, the correct response is provided, followed by a pause so that the student can repeat it. The exercises follow the sequence of grammatical presentation in the main text.

The second tape session (Part II) consists of the following: (1) a continuation of grammatical drills; (2) a pronunciation section that lets students continue to practice individual sounds and distinguish between similar English and German sounds; (3) a dialogue or anecdote that relates to the chapter topic and uses the chapter vocabulary, followed by comprehension questions; (4) a thematic dictation based on the chapter's reading text.

Part III consists of the reading text from the *Einblicke* section of the student text.

An important feature of the Lab Manual are the *Übungsblätter,* answer sheets on which students indicate their responses to questions about the dialogues and comprehension passages, supply answers to selected drills in each grammar section, and write out dictated texts. Their regular use will permit students and instructors to monitor progress.

ZU HAUSE

This Workbook section provides additional written practice for each *Schritt* and *Kapitel,* as well as for the review sections *(Rückblicke).* It focuses on vocabulary building, practice of structure, comprehension, and cultural enrichment. Some visuals are used to encourage personal expression. As the *Rückblicke* sections are intended purely to aid students in their review for an exam, an answer key is provided at the back of the Workbook. Exercises in the *Schritte* and *Kapitel,* however, are also intended as a means for the instructor to evaluate student progress. An answer key for these exercises is available to instructors with the tapescript. Instructors who do not want to use these sections to monitor student progress may want to copy that answer key for their students.

TO THE STUDENTS

An die Studenten

Learning a foreign language is more like learning to play tennis or the piano than studying history. You need to take advantage of every opportunity to practice your emerging skills. The language lab is one of the ways in which you can increase practice time; make intelligent and conscientious use of it. Working in the lab can improve your ability to understand spoken German, to pronounce German correctly, to speak more fluently, even to spell correctly. It will help you make the material your own by involving your motor memory; by using your facial muscles and your vocal cords for speaking, and your hands for writing, you increase fourfold your chances of remembering a word, an ending, or a sentence pattern.

Acquaint yourself thoroughly with the setup of your language lab: find out what services are available to you (for example, if your lab uses tapes, can you have them duplicated for use at home?) and what operations the lab equipment permits (can you record yourself and play your responses back?). If you have problems with the equipment, the tapes or CDs, or any aspect of the program, speak with the lab personnel or your instructor.

Using the lab frequently and for short periods produces better results than concentrating your practice in a few long sessions. Be an active user: speak, listen, repeat, and write. Letting the tape or CD run while you think of other things is not sufficient. Know what you are saying; don't repeat mechanically.

Every effort has been made to achieve the right pace in recording the program, but to some it will inevitably seem too fast (can the pause button be used to slow them down?), while for others it will be too slow (say the correct answer over and over, or use fast forward).

The patterns in all the *Schritte* and all the *Kapitel* are identical: the manual will guide you through each session. Series of small dots (...... ......) let you know how many sentences there are in each exercise. Every time you start a lab session, remove the appropriate *Übungsblatt* from the end of each Lab Manual section and keep it handy: in the *Schritte,* you will need it for the comprehension section and the dictation; in the *Kapitel,* you will need it after the *Gespräche,* at the end of the first part for some grammar exercises, and in the second part for more grammar exercises, the comprehension drill, and the dictation. Each *Kapitel* session ends with a recording of the reading text. Listen to the tape or CD while reading along in the main text or, better yet, listen to it without looking at the text, to improve your aural skills.

For additional practice of pronunciation, use the special tape or CD that accompanies the pronunciation section preceding the Lab Manual.

The second part of this book is a Workbook section *(Zu Hause)* and provides you with an opportunity to expand your vocabulary, to practice new grammar structures, and to learn more about German-speaking countries.

We wish you success in your first year of German. Using the lab program and Workbook will increase your chances for learning the language well.

SUMMARY OF PRONUNCIATION

Zur Aussprache

Pronunciation is a matter of learning not just to hear and pronounce isolated sounds or words, but to understand entire phrases and sentences, and to say them in such a way that a native speaker of German can understand you. You will need to practice this continuously as you study German.

This section summarizes and reviews the production of individual sounds. We have tried to keep it simple and nontechnical, and to provide ample practice of those German sounds that are distinctly different from American English. Often we have used symbols of pronunciation in a simplified phonetic spelling. Upon completing this section, you should hear the difference between somewhat similar English and German words (*builder* / **Bilder**), and between somewhat similar German words **(schon / schön).**

To develop good German pronunciation—or at least one without a heavy American accent—you will have to bear three things in mind: First, you must resist the temptation of responding to German letters with American sounds. Second, at the outset you will probably feel a bit odd when speaking German with a truly German accent; however, nothing could give you a better start in your endeavor. (Imposing a German accent on your English may be hilarious, but it is also very good practice!) Third, you will have to develop new muscular skills. Germans move their jaws and lips more vigorously and articulate more precisely than Americans. After a good practice session your face should feel the strain of making unaccustomed sounds.

We will point out those cases where English sounds are close enough to German to cause no distortion. However, we purposely avoid trying to derive German sounds from English, because such derivations often do more harm than good. Listen carefully to your instructor and the tape or CD. If you can record your own voice in the language lab, do so, and compare how you sound with the voice of the native speaker. With patience and practice, you should be able to develop new speech habits quite rapidly. You will also find that German spelling reflects pronunciation very well.

I. WORD STRESS

In both English and German, one syllable of a word receives more stress than others. In Enlgish, stress can even signal the difference between two words (*ob'ject* / *object'*). In native German words, the accent is on the stem of the word, which is usually the first syllable **(Hei'rat, hei'raten)** or the syllable following an unstressed prefix **(verhei'ratet).** Words borrowed from other languages are less perdictable; frequently the stress falls on the last or next-to-last syllable **(Universität', Muse'um).** You will find such words marked for stress in the German-English end vocabulary.

II. VOWELS

One of the most important differences between English and German is the fact that in English most vowels are to some degree glides—that is, while they are being pronounced there occurs a shift from one vowel sound to another *(so, say).* German vowel sounds do not glide, they do not change quality. The jaw does not shift while a German vowel is being produced **(so, See).** Three German vowels occur with two dots over them **(ä, ö, ü).** These vowels are called *umlauts.* Short and long ä sounds like short and long **e**, but **ö** and **ü** represent distinct sounds.

Certain vowels appear in combinations **(ei, ey, ai, ay; au; äu, eu).** These combinations are called *diphthongs.* While diphthongs in American English may be drawn out or drawled, the German diphthongs are short.

Pay special attention to the length of a vowel. In many words, the length of the stressed vowel is the only clue to their meaning. When spoken, **Rate!** with a long **a** [a:] means *Guess!,* whereas **Ratte** with a short **a** [a] means *rat.*

A. Short Vowels [i, e, a, u, o, ə, ʌ]

Keep these vowels really short!

1. [i] **i**n, **i**mmer, Z**i**mmer, K**i**nd, W**i**nter, F**i**nger, b**i**tte, d**i**ck
2. [e] **e**s, **e**ssen, F**e**nster, schn**e**ll, M**ä**rz, L**ä**nder, S**ä**tze
3. [a] **a**lt, k**a**lt, Kl**a**sse, T**a**sse, T**a**nte, W**a**nd, w**a**nn, m**a**n
4. [u] **u**m, **u**nd, M**u**nd, M**u**tter, B**u**tter, St**u**nde, Sek**u**nde
5. [o] **o**ft, **O**nkel, S**o**nne, S**o**mmer, S**o**nntag, m**o**rgen, k**o**mmen, k**o**sten
6. [a] and [o] Be sure to dinstinguish clearly between these sounds.

Kamm / Komm!	*comb / Come!*	**Fall / voll**	*fall / full*
Bann / Bonn	*ban / Bonn*	**Bass / Boss**	*bass / boss*

7. [e] Don't forget that **ä** doesn't sound like [a], but like [e].

Kamm / Kämme / Semmel	*comb / combs / roll*
Schwamm / Schwämme / Schwemme	*sponge / sponges / watering place*
Fall / Fälle / Felle	*fall / falls / furs*
Mann / Männer / Messer	*man / men / knife*

8. Unstressed short **e** [ə] In unstressed syllables [a], [i], [o], and [u] retain their basic quality in German, whereas in English they become rather neutral (**Amerika'ner** / *Amer'ican;* **Aro'ma** /*aro'ma*). The German unstressed short **e** [ə], however, becomes neutral, too.

   heute, Leute, fragen, sagen, beginnen, Gesicht, Geschenk, Geburtstag

9. Final **er** [ʌ] When **r** occurs after a vowel at the end of a syllable or word, and especially in the ending **-er,** it sounds like a weak **a** [ʌ]. It requires a good deal of attention and practice for speakers of American English not to pronounce the **r**. The German sound resembles the final vowel in the word *comma.*

   Vater, Mutter, Kinder, der, wir, vier, Uhr, Ohr, schwer, Donnerstag, wunderbar, erzählen, verstehen

10. [ə] and [ʌ] Listen carefully to the difference between these two sounds.

bitte / bitter	*please / bitter*	zeige / Zeiger	*I show / watch hand*
esse / Esser	*I eat / eater*	diese / dieser	*these / this*
leide / leider	*I suffer / unfortunately*		

B. Long Vowels [i:, a:, u:, e:, o:]

Be sure to stretch these vowels until they are really long.

11. [i:] Draw your lips far back.

    prima, minus, Musik, ihn, ihm, ihnen, die, wie, wieder, sieben, studieren, Papier, Biologie

12. [a:] Haare, Saal, Jahr, Zahl, Zahn, sagen, fragen, Name, Nase

13. [u:] Round your lips well.

    du, gut, Kuli, Juli, Minute, Bluse, Schuh, Stuhl, Uhr, Tour

14. [e:] and [o:] These two vowels need particular attention. First listen carefully for the differences between English and German.

say / See	*vain* / wen	*boat* / Boot
bait / Beet	*tone* / Ton	*pole* / Pol

15. [e:] Draw your lips back and hold the sound steady.

    See, Tee, Idee, zehn, nehmen, gehen, sehen, Zähne, Mädchen, Käse, lesen, spät, Universität, Qualität

16. [o:] Purse your lips and don't let the sound glide off.

    Zoo, Boot, Ohr, ohne, Bohne, wohnen, so, rot, oben, Hose, holen

C. Contrasting Short and Long Vowels

As you were practicing the short and long vowels, you probably discovered that spelling provides some clues to the length of the stressed vowel. Here are the most reliable signals. Some apply only to the dictionary forms of words, not to the inflected forms.

The stressed vowel is *short,* . . .

- when followed by a double consonant.

  immer, essen, alle, Butter, Tennis, Lippe, Mütter

- usually when followed by two or more consonants, including **ch** and **sch.**

  Winter, Fenster, kalt, unten, Kopf, Hände, Wünsche, Gesicht, Tisch

- in many common one-syllable words before a single consonant.

  mit, es, an, um, von

The stressed vowel is *long,* . . .

- when doubled.

  Idee, Haar, Zoo

- **i** and **u** cannot be doubled, but **i** followed by **e** is always long.

  die, sie, wie, viel, vier, Fantasie

- when followed by **h**, **h** is silent; after a vowel it is strictly a spelling device to signal length.
  ihn, ihm, sehen, nehmen, Zahn, Zahl, Uhr, Schuh
- usually, when followed by a single consonant.
  Kino, lesen, Tafel, Bluse, Väter, Türen, hören

17. [i] and [i:]

innen / ihnen	*inside / to them*	**still / Stil**	*quiet / style*
im / ihm	*in / him*		

18. [e] and [e:]

denn / den	*for / the*	**Wellen / Wählen**	*waves / to choose*
Betten / beten	*beds / to pray*		

19. [a] and [a:]

Stadt / Staat	*city / state*	**nasse / Nase**	*wet / nose*
Kamm / kam	*comb / came*		

20. [u] and [u:]

muss / Mus	*must / mush*	**Sucht / sucht**	*mania / looks for*
Busse / Buße	*busses / repentance*		

21. [o] and [o:]

offen / Ofen	*open / oven*	**Motte / Mode**	*moth / fashion*
Wonne / wohne	*delight / I live*		

D. Umlauts

There are also a long and short **ü** and **ö**.

22. [i:] and [ü:] To make the [ü:], say [i:], keep your tongue and jaw in this position, and round your lips firmly.

diene / Düne	*I serve / dune*	**liegen / lügen**	*to lie / to (tell a) lie*
Biene / Bühne	*bee / stage*	**diese / Düse**	*these / nozzle*

23. [ü:] Note that the German letter **y** is pronounced like **ü**.
    über, übrigens, müde, Füße, kühl, Frühling, grün, natürlich, Typ, typisch

24. [u:] and [ü] Observe the change in tongue position as you shift from one sound to the other.

Fuß / Füße	*foot / feet*	**Kuh / Kühe**	*cow / cows*
Stuhl / Stühle	*chair / chairs*	**Hut / Hüte**	*hat / hats*

25. [u] and [ü] To make the [ü], begin by saying [i], then round your lips.

Kissen / küssen	*pillow / to kiss*	**Kiste / Küste**	*box / coast*
missen / müssen	*to miss / must*	**sticke / Stücke**	*embroider / pieces*

26. [ü] **dünn, fünf, hübsch, Glück, zurück, Flüsse, München, Nymphe**

27. [u] and [ü] Be aware of the movements of your tongue as you shift from one sound to the other.

Busch / Büsche	*bush / bushes*	**Kuss / Küsse**	*kiss / kisses*
Fluss / Flüsse	*river / rivers*	**Kunst / Künste**	*art / arts*

28. [ü:] and [ü]

Hüte / Hütte	*hats / hut*	**fühle / fülle**	*I feel / I fill*
Wüste / wüsste	*desert / would know*	**Düne / dünne**	*dune / thin*

29. [e:] and [ö:] To make the [ö:}, begin by saying [e:]. Keep your tongue in this position, then round your lips firmly for [ö:].

Hefe / Höfe	*yeast / courts*	**Sehne / Söhne**	*tendon / sons*
lesen / lösen	*to read / to solve*	**Besen / bösen**	*broom / bad*

30. [ö:] **schön, Möbel, hören, möglich, Brötchen, französisch, Österreich**

31. [o:] and [ö:] Observe the tongue position as you shift from one sound to the other.

Ofen / Öfen	*oven / ovens*	**Sohn / Söhne**	*son / sons*
Ton / Töne	*tone / tones*	**Hof / Höfe**	*court / courts*

32. [e] and [ö] Begin by saying [e], then round your lips.

kennen / **kö**nnen	*to know / can*	fällig / **vö**llig	*due / total*
Helle / **Hö**lle	*light / hell*	Zelle / **Zö**lle	*cell / tolls*

33. [ö] **ö**ffnen, **ö**stlich, zw**ö**lf, W**ö**rter, T**ö**chter

34. [o] and [ö] Observe the tongue position as you shift from one sound to the other.

Kopf / K**ö**pfe	*head / heads*	Stock / St**ö**cke	*stick / sticks*
Rock / R**ö**cke	*skirt / skirts*	konnte / k**ö**nnte	*was able to / could*

35. [ö:] and [ö]

H**öh**le / Hölle	*cave / hell*	R**ö**slein / Rösslein	*little rose / little horse*
Sch**öß**e / schösse	*laps / I'd shoot*		

36. [ü:] vs. [ö:] and [ü] vs. [ö]

S**üh**ne / S**öh**ne	*repentance / sons*	H**ü**lle / H**ö**lle	*cover / hell*
G**ü**te / G**oe**the	*grace / Goethe*	St**ü**cke / St**ö**cke	*pieces / sticks*
bl**üh**t / bl**ö**d	*blooms / stupid*	r**ü**cke / R**ö**cke	*move / skirts*

E. Diphthongs

German diphthongs are short. They are not drawled.

37. [ai] **ei**ns, zw**ei**, dr**ei**, m**ei**n, d**ei**n, k**ei**n, S**ei**te, Kr**ei**de, M**ey**er, M**ai**, B**ay**ern, H**ay**dn

38. [oi] n**eu**, n**eu**n, h**eu**te, L**eu**te, t**eu**er, d**eu**tsch, tr**äu**men, H**äu**ser, t**oi**, t**oi**, t**oi**!

39. [au] **au**f, **Au**ge, H**au**s, Fr**au**, gr**au**, f**au**l, **au**ch, B**au**ch, br**au**chen

40. Remember that **ie** [i:] is not a diphthong.

W**ie**n / W**ei**n	*Vienna / wine*	B**ie**ne / B**ei**ne	*bee / legs*
L**ie**d / L**ei**d	song / *suffering*	L**ie**der / l**ei**der	*songs / unfortunately*

41. Can you pronounce these words correctly without hesitation?

schr**ei**ben, schr**ie**b, h**ie**ß, h**ei**ß, w**ie**der, w**ei**ter, s**ei**, S**ie**, w**ie**, w**ie**so, w**ei**ß, B**ei**sp**ie**l, w**ie** v**ie**l

F. Glottal Stop

Both English and German use a glottal stop (+) to avoid running words together. German uses it much more frequently than English, where the last consonant of one word is often linked with the first vowel of the next (**mit + einem + Eis,** *with an ice cream*). A good way to become aware of the glottal stop is to say *Oh oh!* as if in dismay.

42. Use the glottal stop where indicated:

+Am +Abend +essen wir +in +einem Restaurant.
Wir sitzen +in +einer kleinen +Ecke.
Der +Ober bringt +uns +ein +Eis.
Wir +erzählen von der +Uni.
Hans be +obachtet +andere Leute.

III. CONSONANTS

A. Single Letters

1. **f**, **h**, **k**, **m**, **n**, **p**, **t**, **x**: These are pronounced alike in both languages.
   fün**f**, **h**aben, **k**aufen, **m**üde, **n**ei**n**, **P**ark, **T**ag, e**x**tra
2. **j**: It is pronounced like the English *y*.
   ja, **J**ahr, **J**anuar, **J**uni, **J**uli, **j**ung, **j**etzt
3. **b**, **d**, **g**: They usually sound like their English counterparts (**g** as in *garden*).
   bitte, **d**anke, **g**ut
   However, when they occur at the end of a word or syllable, or before *s* or *t*, they sound like [p], [t], [k], respectively.

[p] o**b**, gel**b**, hal**b**, a**b**hängig, gi**b**st, ge**b**t
[t] un**d**, Mun**d**, Bil**d**, aben**d**s, Sta**dt**
[k] Ta**g**, tä**g**lich, we**g**, genu**g**, lie**g**st, lei**g**t

[p] vs. [b]	[t] vs. [d]	[k] vs. [g]
ha**b**t / ha**b**en	Kin**d** / Kin**d**er	sa**g**t / sa**g**en
gi**b**st / ge**b**en	Wan**d** / Wän**d**e	fra**g**st / fra**g**en
sie**b**zig / sie**b**en	aben**d**s / Aben**d**e	Zu**g** / Zü**g**e

4. **v**: It usually sounds like [f], but in words of foreign origin it is pronounced [v] unless it is at the end of the word.

   [f] **v**ier, **v**on, **v**erstehen, **V**ater, **V**olkswagen, relati**v**, intensi**v**
   [v] **V**okabeln, **V**ase, **V**ision, **V**ariation, No**v**ember, Re**v**olution

5. **w**: It is pronounced [v] in German.

   was, **w**o, **w**er, **w**ie, **w**arum, **w**elche, **w**omit, **w**underbar

6. **s, ss, ß**: The pronunciation of the letter s depends on its position of the word. If it is front of a vowel, it is pronounced [z] as in the English *fuzz*. Otherwise it is pronounced [s] as in the English *fuss*.

   [z] **s**ehen, **S**ofa, **S**alat, Gemü**s**e, Na**s**e, le**s**en
   [s] wa**s**, da**s**, au**s**, Bu**s**, Ei**s**, Gla**s**, Hal**s**, al**s**

   ss and **ß** are also prouounced [s]. ß [Estset] is used after long vowels **(Füße).** According to the spelling reform, however, short vowels are always followed by an **ss** (muss, lässt).

   [s] Ta**ss**e, Wa**ss**er, be**ss**er, wi**ss**en, Profe**ss**or, lä**ss**t, Gru**ß**, Grü**ß**e, hei**ß**, hei**ß**en, gro**ß**, Grö**ß**e, wei**ß**t

7. **z**: It is pronounced [ts] as in English *rats.*

   [ts] **z**u, **Z**oo, **Z**ahn, **Z**eit, **z**wischen, De**z**ember, Medi**z**in, du**z**en, Mär**z**, schwar**z**, Tan**z**, Toleran**z**, **z**ick**z**ack

8. **s** and **z**: Watch the contrast between these two letters.

so / **Z**oo	*so / zoo*	**s**iegen / **Z**iegen	*to win / goats*
sauber / **Z**auber	*clean / magic*	**s**agen / **z**agen	*to say / hesitate*

9. **l**: There is an important difference between English and German in the pronunciation of the letter **l**. When an American pronounces [l], the tongue forms a hump toward the back of the mouth, which makes the [l] sound "dark." For the German [l], the tongue is flat and touches just behind the front teeth; it is a very "light" sound. Listen for the difference between American and German [l]:

   feel / vie**l**   *felt* / fä**ll**t   *built* / Bi**l**d

   [l] **l**aut, **l**ernen, **l**ogisch, **L**imo, K**l**asse, ka**l**t, Fi**l**m, he**ll**, Hote**l**, Apri**l**, wi**ll**, küh**l**

10. **r**: To avoid a noticeable American accent in German, don't use the American [r]. In German you can either use a tongue-tip trill or a uvular trill. (The uvula is the little skin flap in the back of your mouth that vibrates when you gargle.) Listen for the difference between American and German [r]:

    rest / **R**est   *fry* / f**r**ei   *ring* / **R**ing   *wrote* / **r**ot

    [r] **r**ot, **R**ose, **R**adio, **R**athaus, **R**eis, **R**hein, fah**r**en, hö**r**en, o**r**ange, Bü**r**o, F**r**age, K**r**eide, b**r**aun, g**r**au, g**r**ün

    Remember that **r** after a vowel at the end of a syllable or word, especially in the ending **-er,** is usually pronounced [ʌ].

    [ʌ] Bild**er**, Kind**er**, ab**er**, Zimm**er**, Körp**er**, Lehr**er**, schw**er**, Papi**er**, di**r**, ih**r**

B. Letter Combinations

11. **sch:** This sound [s] resembles the English *sh*, but in German the lips protrude more.

    Scheck, **Sch**ach, **Sch**iff, **Sch**ule, **Sch**okolade, **sch**reiben, **sch**wer, wa**sch**en, Ti**sch**, Fi**sch**

12. **st, sp:** At the beginning of a word or word stem, then are pronounced [št] and [šp].

    [št] **St**ock, **St**ein, **st**ill, **St**adt, **St**atistik, Früh**st**ück, ver**st**ehen
    [šp] **Sp**ort, **sp**ät, **sp**ielen, **Sp**rache, ver**sp**rechen, Ge**sp**räch

    Otherwise they sound the same as in English.

    [st] i**st**, bi**st**, O**st**en, We**st**en, Fen**st**er, Ga**st**, Po**st**, Pro**st**
    [sp] We**sp**e, Ka**sp**ar, li**sp**eln

13. **ch**: There are no English equivalents for the two German sounds [x] and [ç]

   • [x]—the "**ach**-sound"—is produced in the same place as [k]. However, for [k] the breath stops, whereas for [x] it continues to flow through a narrow opening in the back of the throat, **ch** is pronounced [x] after a, o, u, and au.

   a**ch**, Ba**ch**, a**ch**t, Na**ch**t, ma**ch**en, la**ch**en, no**ch**, do**ch**, Wo**ch**e, su**ch**en, Ku**ch**en, Bau**ch**, au**ch**

   Be sure to distinguish clearly between [k] and [x].

A**k**t / a**ch**t	*act / eight*	Do**ck** / do**ch**	*dock / indeed*
na**ck**t / Na**ch**t	*naked / night*	bu**k** / Bu**ch**	*baked / book*

   • [ç]—the "**ich**-sound"—is produced much farther forward in the mouth. **ch** is pronounced [ç] after the vowels e, i, ä, ö, ü, the diphthongs ei (ai) and eu (äu), and the consonants l, n, and r. The diminutive suffix **-chen** is also pronounced [çen]. The ending **-ig** is always pronounced [iç]. You can learn to make this sound by whispering loudly *you* or *Hugh.*

   i**ch**, mi**ch**, ni**ch**t, schle**ch**t, spre**ch**en, lä**ch**eln, mö**ch**ten, Bü**ch**er, Zei**ch**nung, Bäu**ch**e, Mil**ch**, Mün**ch**en, fur**ch**tbar, Mäd**ch**en, ri**ch**tig, ruhig, brummig

   Be sure not to substitute [s] for [ç].

mi**ch** / mi**sch**	*me / mix*	Männ**ch**en / Men**sch**en	*dwarf / people*
fi**ch**t / fi**sch**t	*fights / fishes*		

   Often [x] and [ç] alternate automatically in different forms of the same word.

Bu**ch** / Bü**ch**er	*book / books*	Bau**ch** / Bäu**ch**e	*belly / bellies*
Na**ch**t / Nä**ch**te	*night / nights*		

14. **chs**: It is pronounced [ks].

    se**chs**, Wa**chs**

15. **ck**: It sounds like [k].

    di**ck**, Pi**ck**ni**ck**, Ro**ck**, Ja**ck**e, pa**ck**en, Sche**ck**

16. **ph**: It sounds like [f]. In fact, according to the new spelling, many words can now be spelled or are routinely spelled with an **f**.

    Philoso**ph**ie, **Ph**ysik, **ph**ysisch, photographieren/**f**otogra**f**ieren, Phantasie/**F**antasie

17. **th**: It sounds like [t].

    Thema, **Th**eater, **Th**eologie, **Th**eorie, Ma**th**ematik, Biblio**th**ek

18. **tz**: It sounds like [ts].

    Sa**tz**, Pla**tz**, se**tz**en, tro**tz**, Hi**tz**e
    ALSO: Na**t**ion, Informa**t**ion, Por**t**ion, Varia**t**ion

19. **qu**: It must be pronounced [kv].

    Quatsch, **Qu**äker, **Qu**alität, **Qu**antität, **Qu**artier, **Qu**ote

20. **ng**: It always is pronounced [ŋ] as in English *sing,* not [ŋg] as in *finger*

    la**ng**, e**ng**lisch, si**ng**en, Fi**ng**er, Hu**ng**er, Übu**ng**, Prüfu**ng**

21. **pf**: Both letters are pronounced: [pf].

    pfui, **Pf**effer, **Pf**ennig, **Pf**efferminz, **pf**lanzen, Ko**pf**, Dummko**pf**

22. **ps**: Both letters are pronounced: [ps].

    Psychologie, **Ps**ychologe, **ps**ychologisch, **Ps**ychiater, **Ps**alm, **Ps**eudonym

23. **kn, gn**: They sound just as they are spelled: [kn, gn].

    Knie, **Kn**oten, **Kn**ackwurst, **Kn**irps
    Gnu, **Gn**eis, Ver**gn**ügen

LAB MANUAL

Im Sprachlabor

GESPRÄCHE

Each dialogue will be read twice. The first reading will be without interruption; during the second reading, the speakers will pause to let you repeat each phrase.

Guten Tag!

HERR SANDERS Guten Tag!
FRAU LEHMANN Guten Tag!
HERR SANDERS Ich heiße Sanders, Willi Sanders. Und Sie, wie heißen Sie?
FRAU LEHMANN Mein Name ist Erika Lehmann.
HERR SANDERS Freut mich.

***

HERR MEIER Guten Morgen, Frau Fiedler! Wie geht es Ihnen?
FRAU FIEDLER Danke, gut. Und Ihnen?
HERR MEIER Danke, es geht mir auch gut.

***

HEIDI Hallo, Ute! Wie geht's?
UTE Tag, Heidi! Ach, ich bin müde.
HEIDI Ich auch. Zu viel Stress. Bis später!
UTE Tschüss!

MÜNDLICHE ÜBUNGEN

You will hear a cue and a sentence (Willi Sanders: Ich heiße Willi Sanders). *Then you will be told to begin, and the same cue will be repeated* (Willi Sanders). *Say the sentence* (Ich heiße Willi Sanders), *and use the following cues in the same way. Always repeat the correct response after the speaker.*

1. Willi Sanders: **Ich heiße** Willi Sanders.
   ....
2. Erika Lehmann: **Heißen Sie** Erika Lehmann?
   ....
3. Hugo Schmidt: **Ja, ich heiße** Hugo Schmidt.
   ....

4. Oskar Meier: **Nein, ich heiße nicht** Oskar Meier.
   ....
5. Frau Fiedler: **Wie geht es Ihnen,** Frau Fiedler?
   ....
6. gut: **Es geht mir** gut.
   ....

AUSSPRACHE

Listen carefully and repeat after the speaker. If your lab setup permits, record your responses and later compare your pronunciation with that of the native speakers.

A. Hören Sie zu und wiederholen Sie! *(Listen and repeat.)*

1. [a:] **Abend, Tag, Banane, Name, ja**
2. [a] **Anna, Albert, was, Hand, danke**
3. [e:] **Erika, Peter, Amerika, geht, Tee**
4. [e] **Ellen, Hermann, es, schlecht**
5. [ə] **Ute, danke, heiße, Ihnen, Guten Morgen!**
6. [ʌ] **Dieter Fiedler, Rainer Meier, Werner Schneider**
7. [i:] **Ihnen, Maria, Sabine, wie, Sie**
8. [i] **ich bin, bitte, nicht, Schritt**
9. [o:] **Monika, Hose, so, wo, Zoo**
10. [o] **Oskar, oft, Morgen, Sommer, kosten**
11. [u:] **Ute, Gudrun, gut, Nudel, Schuh**
12. [u] **und, wunderbar, Gesundheit, Hunger, Butter**

B. Das Alphabet

1. Hören Sie zu und wiederholen Sie!

   a, b, c, d, e, f, g, h, i, j, k, l, m, n, o, p, q, r, s, t, u, v, w, x, y, z; ß
2. Buchstabieren Sie auf Deutsch! *(Spell in German.)*

You will hear a cue and the German spelling of a word. Then you will be told to begin, and the same cue will be repeated. Spell the word, and use the following cues in the same way. Always repeat the correct response after the speaker.

ja, gut, müde, danke, schlecht, heißen, Name, Morgen, wunderbar

VERSTEHEN SIE? *(Do you understand?)*

For this exercise and the next one, you will need the SCHRITT 1 Answer Sheet. Remove ÜBUNGSBLATT S1 at the end of this Schritt!

Listen to this conversation between two neighbors. It will be read twice. You will then hear five statements printed on the answer sheet (ÜBUNGSBLATT S1, at the end of this SCHRITT). Circle RICHTIG if the statement is true or FALSCH if it is false. First, listen.

Guten Morgen!

ÜBUNGSBLATT S1A: ....

DIKTAT

During the pauses provided, write down on the ÜBUNGSBLATT what you hear. Each sentence will be repeated so that you can check your accuracy.

ÜBUNGSBLATT S1B: ....

GESPRÄCH

Was und wie ist das?

PROFESSORIN	Hören Sie jetzt gut zu und antworten Sie auf Deutsch! Was ist das?
JIM MILLER	Das ist der Bleistift.
PROFESSORIN	Welche Farbe hat der Bleistift?
SUSAN SMITH	Gelb.
PROFESSORIN	Bilden Sie einen Satz bitte!
SUSAN SMITH	Der Bleistift ist gelb.
PROFESSORIN	Ist das Heft auch gelb?
DAVID JENKINS	Nein, das Heft ist nicht gelb. Das Heft ist hellblau.
PROFESSORIN	Gut!
SUSAN SMITH	Was bedeutet *hellblau?*
PROFESSORIN	*Hellblau* bedeutet *light blue* auf Englisch.
SUSAN SMITH	Und wie sagt man *dark blue?*
PROFESSORIN	*Dunkelblau.*
SUSAN SMITH	Ah, der Kuli ist dunkelblau.
PROFESSORIN	Richtig! Das ist alles für heute. Für morgen lesen Sie bitte das Gespräch noch einmal und lernen Sie auch die Wörter!

MÜNDLICHE ÜBUNGEN

1. der Tisch: **Das ist** der Tisch.
   ....
2. das Papier: **Wo ist** das Papier? **Da ist** das Papier.
   ....
3. das Buch: **Ist das** das Buch? **Ja, das ist** das Buch.
   ....
4. die Tafel: **Ist das** die Tafel? **Nein, das ist nicht** die Tafel.
   ....
5. schwarz: **Das ist** schwarz.
   ....

6. der Bleistift: **Welche Farbe hat** der Bleistift?

   ....

7. lesen: Lesen **Sie bitte!**

   ....

AUSSPRACHE

Hören Sie zu und wiederholen Sie!

1.	[e:]	**E**rika, K**ä**the, g**eh**t, l**e**sen, Gespr**ä**ch
2.	[e]	**E**llen K**e**ller, W**ä**nde, H**ä**nde, h**ä**ngen
3.	[ö:]	**Ö**l, h**ö**ren, L**ö**wenbräu, Go**e**the, **Ö**sterreich
4.	[ö]	**Ö**tker, P**ö**ppel, W**ö**rter
5.	[ü:]	T**ü**r, f**ü**r, St**üh**le, B**ü**cher, m**ü**de, gr**ü**n, t**y**pisch
6.	[ü]	J**ü**rgen M**ü**ller, G**ü**nter, m**ü**ssen, tsch**ü**ss
7.	[oi]	D**eu**tsch, fr**eu**t, **Eu**ropa, Löwenbr**äu**
8.	[au]	Fr**au** P**au**la B**au**er, **au**f, **au**ch, bl**au**gr**au**
9.	[ai]	R**ai**ner, Kr**ei**de, w**ei**ß, h**ei**ßen, n**ei**n
10.	[ai]	h**ei**ßen, H**ei**di M**ei**er, H**ei**nz B**ey**er
	[i:]	S**ie**, w**ie**, D**ie**ter F**ie**dler, W**ie**dersehen
	[ai / i:]	B**ei**sp**ie**l, H**ei**nz F**ie**dler, H**ei**di Th**ie**lemann

VERSTEHEN SIE?

Was und wie ist das?

ÜBUNGSBLATT S2A: ....

DIKTAT

ÜBUNGSBLATT S2B: ....

GESPRÄCHE

Im Kaufhaus

VERKÄUFERIN Na, wie ist die Hose?
CHRISTIAN Zu groß und zu lang.
VERKÄUFERIN Und der Pulli?
MAIKE Zu teuer.
CHRISTIAN Aber die Farben sind toll. Schade!

***

VERKÄUFER Guten Tag! Was darf's sein?
SILVIA Ich brauche ein paar Bleistifte und Papier. Was kosten die Bleistifte?
VERKÄUFER Fünfundneunzig Pfennig.
SILVIA Und das Papier hier?
VERKÄUFER Vier Mark achtzig.
SILVIA Gut. Ich nehme sechs Bleistifte und das Papier.
VERKÄUFER Ist das alles?
SILVIA Ja, danke.
VERKÄUFER Zehn Mark fünfzig bitte!

MÜNDLICHE ÜBUNGEN

1. Zählen Sie von 1 bis 25!

   1, 2, 3, 4, 5, 6, 7, 8, 9, 10, 11, 12, 13, 14, 15, 16, 17, 18, 19, 20, 21, 22, 23, 24, 25

2. Welche Zahl folgt? *(What number follows?)*

   acht: **neun**

   ....

3. Wiederholen Sie die Preise! *(Repeat the prices.)*

   2,30 DM 3,25 DM 4,75 DM 8,90 DM 1,10 DM

4. Was ist die Antwort?

   2 + 3 = ?
   2 + 3 = 5

   ....

AUSSPRACHE

Hören Sie zu und wiederholen Sie!

1. [l] lernen, lesen, Pullover, toll, Mantel, Tafel
2. [z] sie sind, sieben, sauber, langsam, Bluse, Hose
3. [s] Professorin, heißen, Preis, weiß, groß, alles
4. [st] Fenster, kosten, ist
5. [št] Stefan, Stuhl, Stein, Bleistift
6. [šp] Sport, Beispiel, Gespräch, Aussprache
7. [š] schnell, schlecht, schwarz, schade, falsch
8. [f] fünf, fünfzehn, fünfzig, fünfhundertfünfundfünfzig
9. [f] vier, vierzehn, vierzig, vierhundertvierundvierzig
10. [ts] Zimmer, Zahl, zählen, zwei, zehn, zwölf, zwanzig, zweiundzwanzig, schmutzig, Satz
    [z / ts] sieben, siebzig, siebenundsiebzig, siebenhundertsiebenundsiebzig

VERSTEHEN SIE?

Im Kleidungsgeschäft

ÜBUNGSBLATT S3A: ....

DIKTAT

ÜBUNGSBLATT S3B: ....

GESPRÄCHE

Das Wetter im April

NORBERT	Es ist schön heute, nicht wahr?
JULIA	Ja, wirklich. Die Sonne scheint wieder!
RUDI	Nur der Wind ist kühl.
JULIA	Ach, das macht nichts.
NORBERT	Ich finde es toll.

***

HANNES	Mensch, so ein Sauwetter! Es schneit schon wieder.
MARTIN	Na und?
HANNES	In Mallorca ist es schön warm.
MARTIN	Wir sind aber hier und nicht in Mallorca.
HANNES	Schade!

***

DOROTHEA	Das Wetter ist furchtbar, nicht wahr?
MATTHIAS	Das finde ich auch. Es regnet und regnet!
SONJA	Und es ist wieder so kalt. Nur 7 Grad!
MATTHIAS	Ja, typisch April.

JAHRESZEITEN, MONATE UND TAGE

Hören Sie gut zu und wiederholen Sie!

1. Die Jahreszeiten heißen . . .
2. Die Monate heißen . . .
3. Die Tage der Woche heißen . . .

MUSTERSÄTZE

1. schön: **Es ist heute** schön.
   ....

2. sehr kalt: **Es ist** sehr kalt.
....

3. toll: **Ich finde es** toll.
....

4. Juli: **Ich bin im** Juli **geboren.**
....

5. 19: **Ich bin** neunzehn.
....

AUSSPRACHE

Hören Sie zu und wiederholen Sie!

1. [r] **r**ichtig, **r**egnet, **r**ot, **r**osa, b**r**aun, g**r**ün, F**r**eitag, le**r**nen, hö**r**en
2. [ʌ] wi**r**, vie**r**, nu**r**, od**er**, ab**er**, saub**er**, teu**er**, Wett**er**, Somm**er**, Wint**er**
   BUT: [ʌ\ / r] Tü**r** / Tü**r**en; Papie**r** / Papie**r**e; Jah**r** / Jah**r**e
3. [p] **P**ulli, **P**lural, **p**lus, **p**rima
   AND: [p] Her**b**st, Jako**b**, gel**b**, hal**b**
   BUT: [p / b] gel**b** / gel**b**e; hal**b** / hal**b**e
4. [t] **Th**eo, **T**ür, Doro**th**ea, Ma**tth**ias, bi**tt**e
   AND[t] un**d**, tausen**d**, Bil**d**, Klei**d**, Hem**d**, Wan**d**
   BUT: [t / d] Bil**d** / Bil**d**er; Klei**d** / Klei**d**er; Hem**d** / Hem**d**en; Wan**d** / Wän**d**e
5. [k] **k**ühl, **k**urz, **K**uli, dan**k**e, Ja**ck**e, Ro**ck**
   AND: [k] sa**g**t, fra**g**t, Ta**g**
   BUT: [k / g] sa**g**t / sa**g**en; fra**g**t / fra**g**en; Ta**g** / Ta**g**e
6. [j] **j**a, **J**ahr, **J**anuar, **J**uni, **J**uli
7. [h] **h**ören, **h**eiß, **h**at, **h**eute
8. [:] z**äh**len, n**eh**men, **Ih**nen, St**uh**l, Sch**uh**

VERSTEHEN SIE?

Das Wetter

ÜBUNGSBLATT S4A: ....

DIKTAT

ÜBUNGSBLATT S4B: ....

GESPRÄCHE

Wie spät ist es?

Hören Sie zu!

RITA	Hallo, Axel! Wie spät ist es?
AXEL	Hallo, Rita! Es ist zehn vor acht.
RITA	Oje, in zehn Minuten habe ich Philosophie.
AXEL	Dann mach's gut, tschüss!
RITA	Ja, tschüss!

***

PHILLIP	Hallo, Steffi! Wie viel Uhr ist es denn?
STEFFI	Tag, Phillip! Es ist halb zwölf.
PHILLIP	Gehen wir jetzt essen?
STEFFI	O.K., die Vorlesung beginnt erst um Viertel nach eins.

***

HERR RICHTER	Wann sind Sie heute fertig?
HERR HEROLD	Um zwei. Warum?
HERR RICHTER	Spielen wir heute Tennis?
HERR HEROLD	Ja, prima! Es ist jetzt halb eins. Um Viertel vor drei dann?
HERR RICHTER	Gut! Bis später!

MÜNDLICHE ÜBUNGEN

Wie spät ist es?

1. 1.00: **Es ist** ein **Uhr.**
   3.00 / 5.00 / 7.00
2. 1.05: **Es ist** fünf **nach** eins.
   3.05 / 9.10 / 8.20
3. 1:15: **Es ist Viertel nach** eins.
   2.15 / 6.15 / 10.15
4. 1.30: **Es ist halb** zwei.
   4.30 / 6.30 / 10.30

5. 1.40: **Es ist** zwanzig **vor** zwei.
   5.40 / 1.50 / 4.55
6. 1.45: **Es ist Viertel vor** zwei.
   3.45 / 9.45 / 12.45
7. 9.00: **Die Vorlesung ist um** neun.
   12.15 / 1.30 / 9.45

AUSSPRACHE

Hören Sie gut zu und wiederholen Sie!

1. [k] **Ch**ristine, **Ch**ristian, **Ch**aos
2. [x] a**ch**t, a**ch**thunderta**ch**tunda**ch**tzig, au**ch**, brau**ch**en, Wo**ch**e, Bu**ch**, Bachara**ch**
3. [ç] i**ch**, ni**ch**t, wirkli**ch**, wel**ch**e, schle**ch**t, Gesprä**ch**e, Bü**ch**er
4. [iç] rich**tig**, win**dig**, bil**lig**, fer**tig**, sech**zig**, Pfen**nig**
5. [ks] se**chs**, se**chs**undsechzig, se**chs**hundertse**chs**undsechzig
6. [k] Ja**ck**e, Ro**ck**, Pickni**ck**, di**ck**
7. [ŋ] I**ng**e La**ng**e, Wolfga**ng** E**ng**el, E**ng**lisch, Frühli**ng**, la**ng**
8. [gn] re**gn**et, resi**gn**ieren, Si**gn**al
9. [kn] **Kn**irps, **Kn**ie, **Kn**ut **Kn**orr
10. [kv] **Qu**alität, **Qu**antität, **Qu**artett, Ä**qu**ivalent
11. [pf] **Pf**ennig, **Pf**efferminz, Dummko**pf**, **pf**ui
12. [ps] **Ps**ychologie, **Ps**ychiater, **Ps**ychoanalyse, **Ps**eudonym
13. [v] **W**illi, **W**olfgang, **W**and, **W**ort, **w**ie, **w**as, **w**o, **w**elche, **V**olvo, **V**ase

VERSTEHEN SIE?

Axels Stundenplan

ZEIT	MONTAG	DIENSTAG	MITTWOCH	DONNERSTAG	FREITAG	SAMSTAG
7^{55}–8^{40}	Physik	Sport	Geschichte	Latein	Chemie	Sozialkunde
8^{45}–9^{30}	Latein	"	Mathe	Deutsch	Geschichte	Englisch
9^{40}–10^{25}	Franz.	Chemie	Franz.	"	Franz.	Latein
10^{30}–11^{15}	Mathe	Religion	"	Englisch	Mathe	
11^{35}–12^{20}	Deutsch	Englisch	Biologie	Physik	Latein	
12^{25}–13^{10}	Musik	Deutsch	Erdkunde	Mathe	Biologie	

ÜBUNGSBLATT S5A: ....

DIKTAT

ÜBUNGSBLATT S5B: ....

TEIL EINS *(Part I)*

GESPRÄCHE

Listen to the first dialogue. During the second reading, repeat each phrase in the pause provided. After listening to the second dialogue, read the requested role. Answer the comprehension questions at the end of this section on the ÜBUNGSBLATT.

Am Goethe-Institut

SHARON	Roberto, woher kommst du?
ROBERTO	Ich bin aus Rom. Und du?
SHARON	Ich komme aus Sacramento, aber jetzt wohnt meine Familie in Seattle.
ROBERTO	Hast du Geschwister?
SHARON	Ja, ich habe zwei Schwestern und zwei Brüder. Und du?
ROBERTO	Ich habe nur eine Schwester. Sie wohnt in Montreal, in Kanada.
SHARON	Wirklich? So ein Zufall! Mein Onkel wohnt auch da.

***

Später

ROBERTO	Sharon, wann ist die Prüfung?
SHARON	In zehn Minuten. Du, wie heißen ein paar Flüsse in Deutschland?
ROBERTO	Im Norden ist die Elbe, im Osten die Oder, im Süden . . .
SHARON	Die Donau?
ROBERTO	Richtig! Und im Westen der Rhein. Wo liegt Düsseldorf?
SHARON	Düsseldorf? Hm. Wo ist eine Landkarte?
ROBERTO	Oh, hier. Im Westen von Deutschland, nördlich von Bonn, am Rhein.
SHARON	Ach ja, richtig! Na, viel Glück!

Tear out the ÜBUNGSBLATT *before beginning each chapter. You will need it several times during each lab session.*

ÜBUNGSBLATT 1A: ....

STRUKTUR

The Present Tense

In the following sections you will be asked to make structural changes. Listen closely to the cues and make the proper adjustments. Always repeat the correct answer after the speaker. The questions at the end of this section will check your mastery of the material.

A. Ersetzen Sie das Subjekt!

1. Ich lerne Deutsch. (wir)
   Wir lernen Deutsch.
   ....
2. Sie antworten jetzt. (er)
   Er antwortet jetzt.
   ....
3. Wir öffnen das Buch. (du)
   Du öffnest das Buch.
   ....

B. Die anderen auch *(the others, too).*

Ich komme aus Amerika. (Paul)
Paul kommt auch aus Amerika.
....

The Nominative Case

C. Wiederholen Sie die Wörter mit **ein** und **kein!**

der Berg
ein Berg, kein Berg

Beginnen Sie!
....

D. Bilden Sie Sätze!

1. Hamburg / Stadt
   Hamburg ist eine Stadt.
   ....
2. der Rhein / Land
   Der Rhein ist kein Land.
   ....

ÜBUNGSBLATT 1B: ....

TEIL ZWEI

E. Ersetzen Sie das Subjekt!

Das Kind ist müde.
Es ist müde.
....

F. Antworten Sie mit **ja!**

Ist Sharon Amerikanerin?
Ja, sie ist Amerikanerin.
....

G. **Wer** oder **was**?

Das ist der Vater.—Wer ist das?

Das ist ein See.—Was ist das?

....

Sentence Structure

H. Sagen Sie es anders!

Es ist kalt im Winter. (im Winter)
Im Winter ist es kalt.

....

ÜBUNGSBLATT 1C: ....

AUSSPRACHE *(See also Section II. 1, 3–4, 11–13, 17, 19–20 in the pronunciation section.)*

A. Hören Sie zu und wiederholen Sie!

1. [i:] **Ih**nen, **lie**gen, **wie**der, **Wien**, Ber**lin**
2. [i] **ich bin**, **bi**tte, **Kind**, Gesch**wi**ster, **ri**chtig
3. [a:] Fr**a**ge, Spr**a**che, Amerik**a**ner, Sp**a**nier, V**a**ter
4. [a] St**a**dt, L**a**nd, K**a**n**a**da, S**a**tz, T**a**nte
5. [u:] g**u**t, Br**u**der, K**u**li, Min**u**te, d**u**
6. [u] St**u**nde, J**u**nge, M**u**tter, Fl**u**ss, schm**u**tzig, k**u**rz

B. Wortpaare *(Repeat the pairs of words in the pauses provided.)*

1. still / Stil
2. Stadt / Staat
3. Kamm / komm
4. Schiff / schief
5. Rum / Ruhm
6. Ratte / rate

Was hören Sie jetzt? ....

VERSTEHEN SIE?

This section is intended to develop your listening skills. Listen carefully as the text is read twice. The questions that follow let you check your understanding of the passage. Mark the correct answer on ÜBUNGSBLATT 1D.

Frankfurt

ÜBUNGSBLATT 1D: ....

DIKTAT

From now on, dictations will first be read straight through, then again sentence by sentence. The first time through, just listen. The second time through, write down what you hear. Then make corrections as the whole dictation is reread.

ÜBUNGSBLATT 1E: ....

EINBLICKE

Deutschland und die Nachbarn

....

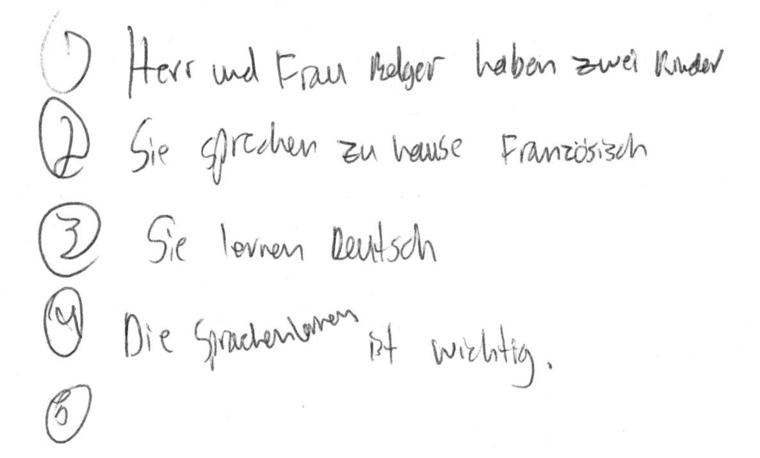

TEIL EINS

GESPRÄCHE

Im Lebensmittelgeschäft

VERKÄUFER Guten Tag! Was darf's sein?
OLIVER Ich hätte gern etwas Obst. Haben Sie denn keine Bananen?
VERKÄUFER Doch, da drüben.
OLIVER Was kosten sie?
VERKÄUFER 1,80 DM das Pfund.
OLIVER Und die Orangen?
VERKÄUFER 90 Pfennig das Stück.
OLIVER Gut, zwei Pfund Bananen und sechs Orangen bitte!
VERKÄUFER Sonst noch etwas?
OLIVER Ja, zwei Kilo Äpfel bitte!
VERKÄUFER 16,20 DM bitte! Danke! Auf Wiedersehen!

***

In der Bäckerei

VERKÄUFERIN Guten Morgen! Was darf's sein?
SIMONE uten Morgen! Ein Schwarzbrot und sechs Brötchen bitte!
VERKÄUFERIN Sonst noch etwas?
SIMONE Ja, ich brauche etwas Kuchen. Ist der Apfelstrudel frisch?
VERKÄUFERIN Natürlich, ganz frisch.
SIMONE Gut, dann nehme ich vier Stück.
VERKÄUFERIN Ist das alles?
SIMONE Ich möchte auch ein paar Plätzchen. Was für Plätzchen haben Sie heute?
VERKÄUFERIN Zitronenplätzchen, Schokoladenplätzchen, Butterplätzchen . . .
SIMONE Hm . . . Ich nehme 300 Gramm Schokoladenplätzchen.
VERKÄUFERIN Noch etwas?
SIMONE Nein, danke. Das ist alles.
VERKÄUFERIN Das macht dann 18,90 DM bitte.

ÜBUNGSBLATT 2A: ....

STRUKTUR

The Present Tense of *sein* and *haben*

1 a) wir haben Zeit
b) ich bin siebzehn

A. Ersetzen Sie das Subjekt!

1. Er ist aus Amerika. (Peter und Ellen)
   Peter und Ellen sind aus Amerika.
   ....
2. Wir haben zwei Kinder. (Müllers)
   Müllers haben zwei Kinder.
   ....

2 a) wen
b) was

B. Die anderen auch
Ich habe drei Brüder. (Eva)
Eva hat auch drei Brüder.
....

The Accusative Case

C. Ersetzen Sie das Objekt!

1. Ich brauche eine Jacke. (Mantel)
   Ich brauche einen Mantel.
   ....
2. Wir nehmen die Butter. (Käse)
   Wir nehmen den Käse.
   ....
3. Sehen Sie das Mädchen? (Kinder)
   Sehen Sie die Kinder?
   ....
4. Das ist für meine Mutter. (Vater)
   Das ist für meinen Vater.
   ....
5. Wir gehen durch die Stadt. (Zimmer)
   Wir gehen durch das Zimmer.
   ....

D. **Wen** oder **was?**
Wir lernen Geographie.
Was lernen wir?
....

ÜBUNGSBLATT 2B:

Was fehlt? ....

TEIL ZWEI

E. Verneinen Sie es!
Kaufen Sie das für Ihren Großvater? (Onkel)
Nein, ich kaufe das für meinen Onkel.
....

Negation

F. Verneinen Sie mit **kein!**

1. Das ist ein Satz.
   Das ist kein Satz.
   ....

1 Ich kauf den Wein

2. Brauchen Sie Papier?
   Nein, ich brauche kein Papier.
   ....

2 Sie haben kein Wein

G. Verneinen Sie mit **nicht!**

Der Fisch ist frisch.
Der Fisch ist nicht frisch.
....

H. **kein** oder **nicht?**

Wir haben Plätzchen.
Wir haben keine Plätzchen.
....

ÜBUNGSBLATT 2C: ....

AUSSPRACHE: e, o *(See also Section II. 2, 5, 14–16, 18, and 21 in the pronunciation section.)*

A. Hören Sie zu und wiederholen Sie!

1. [e:] gehen, nehmen, Käse, Gegenteil, Amerika, Tee
2. [e] es, sprechen, Geschäft, Mensch, Hemd
3. [o:] ohne Bohnen, oder, groß, Obst, Brot
4. [o] kommen, doch, Osten, Norden, Sonne

B. Wortpaare

1. gate / geht
2. shown / schon
3. zähle / Zelle
4. den / denn
5. Ofen / offen
6. Bonn / Bann

Was hören Sie jetzt? ....

VERSTEHEN SIE?

Einkaufspläne

ÜBUNGSBLATT 2D: ....

DIKTAT

ÜBUNGSBLATT 2E: ....

EINBLICKE

Geschäfte und Einkaufen

....

TEIL EINS

GESPRÄCHE

1 falsch
2 richtig
3 falsch
4 richtig
5 falsch

Im Restaurant

AXEL Herr Ober, die Speisekarte bitte!
OBER Hier bitte!
AXEL Was empfehlen Sie heute?
OBER Die Menüs sind alle sehr gut.
AXEL Gabi, was nimmst du?
GABI Ich weiß nicht. Was nimmst du?
AXEL Ich glaube, ich nehme Menü 1: Schnitzel und Kartoffelsalat.
GABI Und ich nehme Menü 2: Rindsrouladen mit Kartoffelklößen.
OBER Möchten Sie etwas trinken?
GABI Ein Glas Apfelsaft, und du?
AXEL Mineralwasser. *(Der Ober kommt mit dem Essen.)* Guten Appetit!
GABI Danke, gleichfalls . . . Mm, das schmeckt.
AXEL Das Schnitzel auch.

***

Später

GABI Wir möchten zahlen bitte!
OBER Ja, bitte. Alles zusammen?
GABI Ja. Geben Sie mir die Rechnung bitte!
AXEL Nein, nein, nein!
GABI Doch, Axel! Heute bezahle ich.
OBER Also, einmal Menü 1, einmal Menü 2, ein Apfelsaft, ein Mineralwasser, zwei Tassen Kaffee. Sonst noch etwas?
AXEL Ja, ein Brötchen.
OBER Das macht 60,60 DM bitte.
GABI *(Sie gibt dem Ober 70,—DM.)* 62,00 Mark bitte.
OBER Und acht Mark zurück. Vielen Dank!

ÜBUNGSBLATT 3A: ....

STRUKTUR

Verbs with Vowel Changes

A. Ersetzen Sie das Objekt!

1. Nehmen Sie den Pudding? (ihr)
   Nehmt ihr den Pudding?
   ....
2. Wir fahren langsam. (er)
   Er fährt langsam.
   ....
3. Sie wird schnell fertig. (du)
   Du wirst schnell fertig.
   ....

B. Formulieren Sie Fragen!

Ich fahre schnell.
Fährst du auch schnell?
....

The Dative Case

C. Ersetzen Sie das Dativobjekt!

1. Die Stadt gefällt dem Engländer. (Amerikaner)
   Die Stadt gefällt dem Amerikaner.
   ....
2. Der Mantel gehört dem Mädchen. (Schwester)
   Der Mantel gehört der Schwester.
   ....
3. Er dankt den Nachbarn. (Brüder)
   Er dankt den Brüdern.
   ....
4. Ich kaufe meinem Vater ein Buch. (Mutter)
   Ich kaufe meiner Mutter ein Buch.
   ....

D. Ersetzen Sie das Dativobjekt!

1. Die Bedienung kommt mit der Speisekarte. (Salz)
   Die Bedienung kommt mit dem Salz.
   ....
2. Das Restaurant ist bei dem Markt. (Kaufhaus)
   Das Restaurant ist bei dem Kaufhaus.
   ....
3. Die Uhr ist von meinem Großvater. (Großmutter)
   Die Uhr ist von meiner Großmutter.
   ....

ÜBUNGSBLATT 3B: ....

TEIL ZWEI

E. Ferienpläne *(vacation plans)*

Uwe fährt nach Holland, und du? (Spanien)
Ich fahre nach Spanien.

....

F. **Wem** oder **wen?**

Er hilft dem Freund.
Wem hilft er?

....

G. **Zu Hause** oder **nach Hause?**

Sie sind zu Hause. (fahren)
Sie fahren nach Hause.

....

ÜBUNGSBLATT 3C: ....

AUSSPRACHE: ü *(See also II. 22–28 in the pronunciation section.)*

A. Hören Sie zu und wiederholen Sie!

1. [ü:] über, Tür, für, Frühling, Prüfung, Gemüse, südlich, grün, natürlich, müde
2. [ü] Flüsse, Würste, Stück, Jürgen Müller, München, fünf, fünfundfünfzig

B. Wortpaare

1. vier / für
2. missen / müssen
3. Stuhle / Stühle
4. Mutter / Mütter
5. fühle / Fülle
6. Goethe / Güte

Was hören Sie jetzt? ....

VERSTEHEN SIE?

Frau Wagner geht einkaufen.

ÜBUNGSBLATT 3D: ....

DIKTAT

ÜBUNGSBLATT 3E: ....

EINBLICKE

Man ist, was man isst.

....

sehen
laufen

TEIL EINS

GESPRÄCHE

Am Telefon

CHRISTA	Hallo, Michael!
MICHAEL	Hallo, Christa! Wie geht's dir denn?
CHRISTA	Nicht schlecht, danke. Was machst du am Wochenende?
MICHAEL	Nichts Besonderes. Warum?
CHRISTA	Klaus hat übermorgen Geburtstag und wir geben eine Party.
MICHAEL	Super! Aber bist du sicher, dass Klaus übermorgen Geburtstag hat? Ich glaube, sein Geburtstag ist am siebten Mai.
CHRISTA	Quatsch! Klaus hat am dritten Mai Geburtstag. Und Samstag ist der dritte.
MICHAEL	Na gut. Wann und wo ist die Party?
CHRISTA	Samstag um sieben bei mir. Aber nichts sagen! Es ist eine Überraschung.
MICHAEL	O.K.! Also, bis dann!
CHRISTA	Tschüss! Mach's gut!

***

Klaus klingelt bei Christa

CHRISTA	Grüß dich, Klaus! Herzlichen Glückwunsch zum Geburtstag!
KLAUS	Wie bitte?
MICHAEL	Ich wünsche dir alles Gute zum Geburtstag.
KLAUS	Tag, Michael! . . . Hallo, Gerda! Kurt und Sabine, ihr auch?
ALLE	Wir gratulieren dir zum Geburtstag!
KLAUS	Danke! So eine Überraschung! Aber ich habe heute nicht Geburtstag. Mein Geburtstag ist am siebten.
CHRISTA	Wirklich? — Ach, das macht nichts. Wir feiern heute.

ÜBUNGSBLATT 4A: ....

STRUKTUR

Ordinals

A. Lesen Sie!

1. 11.
   der erste November

1. 11. / 12. 4. / 31. 12. / 12. 7. / 22. 3. / 18. 5. / 11. 11. / 1. 8. / 30. 1.

The Present Perfect with *haben*

B. Ersetzen Sie das Subjekt!

1. Ich habe Obst gekauft. (wir)
   Wir haben Obst gekauft.
   ....
2. Er hat nicht geantwortet. (ihr)
   Ihr habt nicht geantwortet.
   ....
3. Hat sie schon gegessen? (ihr)
   Habt ihr schon gegessen?
   ....

C. Ersetzen Sie das Verb!

1. Ich habe Klaus ein Buch gekauft. (geben)
   Ich habe Klaus ein Buch gegeben.
   ....
2. Wir haben Gerda nicht gesehen. (finden)
   Wir haben Gerda nicht gefunden.
   ....
3. Wir haben ein Zimmer bestellt. (bekommen)
   Wir haben ein Zimmer bekommen.
   ....

D. Was haben Sie am Wochenende gemacht? Bilden Sie Sätze!

eine Party geben
Ich habe eine Party gegeben.
....

ÜBUNGSBLATT 4B: ....

TEIL ZWEI

The Present Perfect with *sein*

E. Ersetzen Sie das Subjekt!

1. Er ist fertig geworden. (ich)
   Ich bin fertig geworden.
   ....
2. Sie ist nach Hause gegangen. (wir)
   Wir sind nach Hause gegangen.
   ....

F. Sagen Sie es im Perfekt!

Sie laufen um den See.
Sie sind um den See gelaufen.
....

Subordinate Clauses

G. Beginnen Sie mit **Er fragt, . . . !**

Wie viel Uhr ist es?
Er fragt, wie viel Uhr es ist.

....

H. Beginnen Sie mit **Sie fragen, ob . . . !**

Ist Klaus zu Hause?

Sie fragen, ob Klaus zu Hause ist.

....

I. Beginnen Sie mit **Sie schreibt, dass . . . !**

Klaus hat Geburtstag gehabt.
Sie schreibt, dass Klaus Geburtstag gehabt hat.

....

ÜBUNGSBLATT 4C: ....

AUSSPRACHE: ch, ck *(See also III. 13–15 in the pronunciation section.)*

A. Hören Sie zu und wiederholen Sie!

1. [ç] i**ch**, ni**ch**t, fur**ch**tbar, viellei**ch**t, man**ch**mal, spre**ch**en, Re**ch**nung, Mäd**ch**en, Mil**ch**, dur**ch**, gewöhnli**ch**, ri**ch**tig, wi**ch**tig
2. [x] a**ch**, a**ch**t, ma**ch**en, Weihna**ch**ten, au**ch**, brau**ch**en, Wo**ch**e, no**ch**, do**ch**, Bu**ch**, Ku**ch**en, Ba**ch**ara**ch**
3. [ks] se**chs**, se**chs**te
4. [k] di**ck**, Zu**ck**er, Bä**ck**er, Ro**ck**, Ja**ck**e, Frühstü**ck**, schme**ck**en

B. Wortpaare

1. mich / misch
2. Kirche / Kirsche
3. nickt / nicht
4. lochen / locken
5. Nacht / nackt
6. möchte / mochte

Was hören Sie jetzt? ....

VERSTEHEN SIE?

Der Geburtstag

ÜBUNGSBLATT 4D: ....

DIKTAT

ÜBUNGSBLATT 4E: ....

EINBLICKE

Deutsche Feste

....

TEIL EINS

GESPRÄCHE

Entschuldigen Sie! Wo ist . . . ?

TOURIST	Entschuldigen Sie! Können Sie mir sagen, wo das Hotel Sacher ist?
WIENER	Erste Straße links hinter der Staatsoper.
TOURIST	Und wie komme ich von da zum Stephansdom?
WIENER	Geradeaus, die Kärntner Straße entlang.
TOURIST	Wie weit ist es zum Dom?
WIENER	Nicht weit. Sie können zu Fuß gehen.
TOURIST	Danke!
WIENER	Bitte schön!

***

Da drüben!

TOURIST	Entschuldigung! Wo ist das Burgtheater?
HERR	Es tut mir Leid. Ich bin nicht aus Wien.
TOURIST	Verzeihung! Ist das das Burgtheater?
DAME	Nein, das ist nicht das Burgtheater, sondern die Staatsoper. Fahren Sie mit der Straßenbahn zum Rathaus! Gegenüber vom Rathaus ist das Burgtheater.
TOURIST	Und wo hält die Straßenbahn?
DAME	Da drüben links.
TOURIST	Vielen Dank!
DAME	Bitte sehr!

ÜBUNGSBLATT 5A: ....

STRUKTUR

Personal Pronouns

A. Ersetzen Sie das Subjekt mit einem Pronomen! *(Replace the subject with a personal pronoun.)*

Da kommt Ihr Onkel.
Da kommt er.

....

B. Antworten Sie mit **ja** und ersetzen Sie das Objekt!

1. Fragt ihr den Großvater?
   Ja, wir fragen ihn.

   ....

2. Gehört es dem Touristen?
   Ja, es gehört ihm.

   ....

3. Ist das für Heidi?
   Ja, das ist für sie.

   ....

4. Fährst du mit den Touristen?
   Ja, ich fahre mit ihnen.

   ....

Modal Auxiliary Verbs

C. Ersetzen Sie das Subjekt!

1. Wir müssen einen Stadtplan kaufen. (du)
   Du musst einen Stadtplan kaufen.

   ....

2. Sie können zu Fuß gehen. (man)
   Man kann zu Fuß gehen.

   ....

3. Ich will lange schlafen. (Erika)
   Erika will lange schlafen.

   ....

4. Ich möchte ihm glauben. (wir)
   Wir möchten ihm glauben.

   ....

ÜBUNGSBLATT 5B: ....

TEIL ZWEI

Personal Pronouns and Modal Auxiliaries

D. Antworten Sie mit dem Akkusativpronomen!

Wem gibst du die Schokolade? (meiner Schwester)
Ich gebe sie meiner Schwester.

....

E. Ersetzen Sie das Dativobjekt!

Was zeigst du dem Amerikaner? (den Dom)
Ich zeige ihm den Dom.

....

F. Antworten Sie!

Wir müssen Lebensmittel kaufen, und du? (zur Bank gehen)
Ich muss zur Bank gehen.

....

AUSSPRACHE: ö *(See also II. 29–36 in the pronunciation section.)*

A. Hören Sie zu und wiederholen Sie!

1. [ö:] **Ö**sterreich, Br**ö**tchen, G**oe**the, sch**ö**n, gew**öh**nlich, franz**ö**sisch, h**ö**ren
2. [ö] **ö**ffnen, **ö**stlich, k**ö**nnen, L**ö**ffel, zw**ö**lf, n**ö**rdlich, m**ö**chten

B. Wortpaare

1. kennen / können	3. große / Größe	5. Sühne / Söhne
2. Sehne / Söhne	4. schon / schön	6. Höhle / Hölle

Was hören Sie jetzt? ....

VERSTEHEN SIE?

In Grinzing

Zum Erkennen: der Heurige (*new wine* [heuer = *this year*]); typisch; die Heurigenschenke, -n *(Viennese wine-tasting inn);* der Musikant, -en (*musician*)

ÜBUNGSBLATT 5C: ....

DIKTAT

ÜBUNGSBLATT 5D: ....

EINBLICKE

Grüße aus Wien

....

1. Viele tourizten fahren Grinzeig ?
2. In Grinzeig gibt es viele Kinos ?
3. Der Heurige ist den Apfel saft ?
4. Heurigen habt aus Musik ?
5. Der Wein farm nicht oft Grinzeig ?

TEIL EINS

GESPRÄCHE

Wohnung zu vermieten

INGE	Hallo, mein Name ist Inge Moser. Ich habe gehört, dass Sie eine Zweizimmerwohnung zu vermieten haben. Stimmt das?
VERMIETER	Ja, in der Nähe vom Dom.
INGE	Wie alt ist die Wohnung?
VERMIETER	Ziemlich alt, aber sie ist renoviert und schön groß und hell. Sie hat sogar einen Balkon.
INGE	In welchem Stock liegt sie?
VERMIETER	Im dritten Stock.
INGE	Ist sie möbliert oder unmöbliert?
VERMIETER	Unmöbliert.
INGE	Und was kostet die Wohnung?
VERMIETER	1 100 DM.
INGE	Ist das kalt oder warm?
VERMIETER	Kalt.
INGE	Oh, das ist ein bisschen zu teuer. Vielen Dank! Auf Wiederhören!
VERMIETER	Auf Wiederhören!

***

In der WG (Wohngemeinschaft)

INGE	Euer Haus gefällt mir!
HORST	Wir haben noch Platz für dich. Komm, ich zeige dir alles! . . . Hier links ist unsere Küche. Sie ist klein, aber praktisch.
INGE	Wer kocht?
HORST	Wir alle: Jens, Gisela, Renate und ich.
INGE	Und das ist das Wohnzimmer?
HORST	Ja. Es ist ein bisschen dunkel, aber das ist O.K.
INGE	Eure Sessel gefallen mir.
HORST	Sie sind alt, aber echt bequem. Oben sind dann vier Schlafzimmer und das Bad.
INGE	Nur ein Bad?
HORST	Ja, leider! Aber hier unten ist noch eine Toilette.

INGE Was bezahlt ihr im Monat?
HORST Jeder 400 Mark.
INGE Nicht schlecht! Und wie kommst du zur Uni?
HORST Zu Fuß natürlich! Es ist ja nicht weit.
INGE Klingt gut!

ÜBUNGSBLATT 6A: ....

STRUKTUR

Two-Way Prepositions

A. Ersetzen Sie die Präposition!

1. Die Jungen spielen vor dem Haus. (an / See)
   Die Jungen spielen am See.
   ....
2. Das Telefon ist neben dem Bett. (in / Schlafzimmer)
   Das Telefon ist im Schlafzimmer.
   ....
3. Stellen Sie das Fahrrad vor das Haus! (in / Garage)
   Stellen Sie das Fahrrad in die Garage!
   ....
4. Legen Sie das Papier auf den Schreibtisch! (unter / Bücher)
   Legen Sie das Papier unter die Bücher!
   ....

B. Antworten Sie mit der neuen Präposition!

1. Wo ist die Bank? (neben / Hotel)
   Neben dem Hotel.
   ....
2. Wohin sollen wir die Kommode stellen? (in / Schlafzimmer)
   Ins Schlafzimmer!
   ....

Wo versus *wohin*

C. Stellen Sie Fragen!

Die Kinder sind in der Schule.
Wo sind die Kinder?

....

ÜBUNGSBLATT 6B: ....

TEIL ZWEI

The Imperative

D. Bilden Sie den Imperativ!

1. Sagen Sie Frau Meier, was sie tun soll! (gut schlafen)
   Schlafen Sie gut!
   ....

2. Sagen Sie Inge und Rainer, was sie tun sollen! (zu Fuß gehen)
   Geht zu Fuß!
   ....

3. Sagen Sie Detlef, was er tun soll! (Deutsch sprechen)
   Sprich Deutsch!
   ....

ÜBUNGSBLATT 6C: ....

Wissen versus kennen

E. Ersetzen Sie das Subjekt!

1. Sie wissen die Antwort. (er)
   Er weiß die Antwort.
   ....

2. Ich weiß, wo die Post ist. (die Kinder)
   Die Kinder wissen, wo die Post ist.
   ....

F. Antworten Sie mit **Nein, aber ich weiß . . .** und ersetzen Sie das Pronomen!

Kennst du Jutta? (interessant)
Nein, aber ich weiß, dass sie interessant ist.
....

AUSSPRACHE: ei, au, eu, äu *(See also II. 37–39 in the pronunciation section.)*

A. Hören Sie zu und wiederholen Sie!

1. [ai] **weit**, **lei**der, **ei**gentlich, **zei**gen, **fei**ern, **blei**ben
2. [au] **auf**, bl**au**gr**au**, **Baum**, **Kauf**h**au**s, br**au**chen, l**au**fen
3. [oi] **euch**, **heu**te, **teu**er, **Leu**te, **Freu**nde, **Häu**ser, **Bäu**me

B. Wortpaare

1. *by* / bei	3. *mouse* / Maus	5. aus / Eis
2. *Troy* / treu	4. Haus / Häuser	6. euer / Eier

Was hören Sie jetzt? ....

VERSTEHEN SIE?

Beate in Freiburg

Zum Erkennen: der Hund, -e *(dog);* die Person, -en

ÜBUNGSBLATT 6D: ....

DIKTAT

ÜBUNGSBLATT 6E: ....

EINBLICKE

Schaffen, sparen, Häuschen bauen

....

die Mensa

TEIL EINS

GESPRÄCHE

Auf der Bank

TOURISTIN	Guten Tag! Können Sie mir sagen, wo ich Geld umtauschen kann?
ANGESTELLTE	Am Schalter 1.
TOURISTIN	Vielen Dank! *(Sie geht zum Schalter 1.)* Guten Tag! Ich möchte Dollar in Schillinge umtauschen. Hier sind meine Reiseschecks.
ANGESTELLTE	Darf ich bitte Ihren Pass sehen?
TOURISTIN	Hier.
ANGESTELLTE	Unterschreiben Sie bitte hier, dann gehen Sie dort zur Kasse! Da bekommen Sie Ihr Geld.
TOURISTIN	Danke! *(Sie geht zur Kasse.)*
KASSIERER	324 Schilling 63: einhundert, zweihundert, dreihundert, zehn, zwanzig, vierundzwanzig Schilling und dreiundsechzig Groschen.
TOURISTIN	Danke! Auf Wiedersehen!

***

An der Rezeption im Hotel

EMPFANGSDAME	Guten Abend!
GAST	Guten Abend! Haben Sie ein Einzelzimmer frei?
EMPFANGSDAME	Für wie lange?
GAST	Für zwei oder drei Nächte; wenn möglich ruhig und mit Bad.
MPFANGSDAME	Leider haben wir heute nur noch ein Doppelzimmer, und das nur für eine Nacht. Aber morgen wird ein Einzelzimmer frei. Wollen Sie das Doppelzimmer sehen?
GAST	Ja, gern.
EMPFANGSDAME	Zimmer Nummer 12, im ersten Stock rechts. Hier ist der Schlüssel.
GAST	Sagen Sie, kann ich meinen Koffer einen Moment hier lassen?
EMPFANGSDAME	Ja, natürlich. Stellen Sie ihn da drüben in die Ecke!
GAST	Danke! Noch etwas, wann machen Sie abends zu?
EMPFANGSDAME	Um 24.00 Uhr. Wenn Sie später kommen, müssen Sie klingeln.

ÜBUNGSBLATT 7A: ....

STRUKTUR

Formal Time

A. Wie spät ist es? Lesen Sie!

BEISPIEL: 22.10 Uhr
Es ist zweiundzwanzig Uhr zehn.

13.35 Uhr / 4.28 Uhr / 9.15 Uhr / 16.50 Uhr / 19.45 Uhr / 12.12 Uhr

Der- and *Ein-* Words

B. Ersetzen Sie den Artikel!

1. dieser Ausweis *(every)*
   jeder Ausweis
   ....
2. in meiner Tasche *(her)*
   in ihrer Tasche
   ....
3. solche Schlüssel *(all)*
   alle Schlüssel
   ....

C. Antworten Sie!

1. In welchem Zimmer ist das Gepäck? (sein)
   In seinem Zimmer.
   ....
2. Trägst du keinen Koffer? (ihr)
   Doch, ich trage ihren Koffer.
   ....
3. Welches Fahrrad soll ich nehmen? (dein)
   Nimm dein Fahrrad!
   ....

D. Wem gehört die Tasche? Antworten Sie mit **nein!**

Gehört die Tasche Richard?
Nein, er hat seine Tasche.
....

ÜBUNGSBLATT 7B: ....

TEIL ZWEI

Separable-Prefix Verbs

E. Ersetzen Sie das Subjekt!

1. Robert geht heute aus. (ich)
   Ich gehe heute aus.
   ....
2. Helga kauft morgen wieder ein. (ihr)
   Ihr kauft morgen wieder ein.
   ....

F. Ersetzen Sie das Verb!

1. Wann steht Hans auf? (ankommen)
   Wann kommt Hans an?
   ....
2. Rita soll den Wein einkaufen. (mitbringen)
   Rita soll den Wein mitbringen.
   ....
3. Ich weiß, dass du heute ausgehst. (abfahren)
   Ich weiß, dass du heute abfährst.
   ....

G. Antworten Sie mit **ja**!

Soll ich den Scheck einlösen?
Ja, lös den Scheck ein!
....

ÜBUNGSBLATT 7C: ....

AUSSPRACHE: ie, ei *(See also II.37, 40–41 in the pronunciation section.)*

A. Hören Sie zu und wiederholen Sie!

1. [ei] **sei**t, **wei**ßt, **blei**bst, **lei**der, **frei**, **Rai**ner **Mey**er, **Bay**ern
2. [ie] **wie**, **wie** **vie**l, **nie**, **lie**ben, **lie**gen, **mie**ten, **lie**s, **sie**h, **Die**nstag
3. **vie**llei**cht**, **Bei**spi**el**, **blei**ben / **blie**ben, **hei**ßen / **hie**ßen, **Wie**n / **Wei**n, **Wie**se / **wei**ß

B. Wortpaare

1. See / Sie — 3. biete / bitte — 5. leider / Lieder
2. beten / bieten — 4. Miete / Mitte — 6. Mais / mies

Was hören Sie jetzt? ....

VERSTEHEN SIE?

Im Hotel

ÜBUNGSBLATT 7D: ....

DIKTAT

ÜBUNGSBLATT 7E: ....

EINBLICKE

Übernachtungsmöglichkeiten

....

TEIL EINS

GESPRÄCHE

Auf der Post am Bahnhof

UTA Ich möchte dieses Paket nach Amerika schicken.
HERR Normal oder per Luftpost?
UTA Per Luftpost. Wie lange dauert das denn?
HERR Ungefähr zehn Tage. Füllen Sie bitte diese Paketkarte aus! . . . Moment, hier fehlt noch Ihr Absender.
UTA Ach ja! . . . Noch etwas. Ich brauche eine Telefonkarte.
HERR Für sechs, zwölf oder fünfzig Mark?
UTA Für zwölf Mark. Vielen Dank!

***

Am Fahrkartenschalter in Zürich

ANNE Wann fährt der nächste Zug nach Interlaken?
FRAU In zehn Minuten. Abfahrt um 11.28 Uhr, Gleis 2.
ANNE Ach du meine Güte! Und wann kommt er dort an?
FRAU Ankunft in Interlaken um 14.16 Uhr.
ANNE Muss ich umsteigen?
FRAU Ja, in Bern, aber Sie haben Anschluss zum InterCity mit nur vierundzwanzig Minuten Aufenthalt.
ANNE Gut. Geben Sie mir bitte eine Hin- und Rückfahrkarte nach Interlaken!
FRAU Erster oder zweiter Klasse?
ANNE Zweiter Klasse.

ÜBUNGSBLATT 8A: ....

STRUKTUR

The Genitive Case

A. Ersetzen Sie den Genitiv!

1. Sie wohnt auf dieser Seite der Stadt. (Berg)
   Sie wohnt auf dieser Seite des Berges.
   ....
2. Das ist ein Bild meines Großvaters. (meine Tante)
   Das ist ein Bild meiner Tante.
   ....
3. Wo ist das Gepäck des Touristen? (Student)
   Wo ist das Gepäck des Studenten?
   ....
4. Ist das Oskars Fahrkarte? (Meike)
   Ist das Meikes Fahrkarte?
   ....
5. Statt des Doms zeigt er uns das Museum. (Schloss)
   Statt des Schlosses zeigt er uns das Museum.
   ....

B. Bilden Sie Sätze!

Vater / Landkarte
Wo ist Vaters Landkarte?
....

Time Expressions

C. Ersetzen Sie das Adverb!

1. Fischers fliegen morgen früh ab. (heute Morgen)
   Fischers fliegen heute Morgen ab.
   ....
2. Morgens spielen wir Tennis. (sonntags)
   Sonntags spielen wir Tennis.
   ....

D. Antworten Sie!

Wie lange fliegst du? (bis morgen früh)
Ich fliege bis morgen früh.
....

ÜBUNGSBLATT 8B: ....

TEIL ZWEI

Sentence Structure

E. Wohin passt das neue Adverb? *(Add the new adverb to the sentence.)*

Wir fahren zum Flughafen. (um halb sieben)
Wir fahren um halb sieben zum Flughafen.

1. Wir fahren zum Flughafen.
2. Sie fliegt nächste Woche.
3. Er fährt zum Bahnhof.
4. Ich arbeite im Geschäft.

5. Sie kommen hoffentlich im Juli.
6. Karl fliegt von Frankfurt ab.
7. Ist Herr Braun zu Hause?
8. Gehst du zum Briefkasten?
9. Fährt der Junge allein?
10. Sie müssen den Brief per Luftpost schicken.
11. Meine Großeltern reisen nach Österreich.

F. Verneinen Sie die Sätze!

Sabrina wohnt in Berlin.
Sabrina wohnt nicht in Berlin.
....

ÜBUNGSBLATT 8C: ....

AUSSPRACHE: e, er *(See also II. 8–10 in the pronunciation section.)*

A. Hören Sie zu und wiederholen Sie!

1. [ə] Adress**e**, Eck**e**, Haltestell**e**, b**e**komm**e**n, b**e**such**e**n, ein**e** halb**e** Stund**e**
2. [ʌ] ab**er**, saub**er**, schw**er**, eu**er**, uns**er**, Zimm**er**numm**er**, Uh**r**, vo**r**, nu**r**, unt**er**, üb**er**, auß**er**, wied**er**holen

B. Wortpaare

1. Studenten / Studentin
2. Touristen / Touristin
3. diese / dieser
4. arbeiten / Arbeitern
5. lese / Leser
6. mieten / Mietern

Was hören Sie jetzt? ....

VERSTEHEN SIE?

Unterwegs mit dem Eurailpass

ÜBUNGSBLATT 8D: ....

DIKTAT

ÜBUNGSBLATT 8E: ....

EINBLICKE

Touristen in der Schweiz

....

TEIL EINS

GESPRÄCHE

Am Telefon

FRAU SCHMIDT	Hier Schmidt.
BÄRBEL	Guten Tag, Frau Schmidt. Ich bin's, Bärbel.
FRAU SCHMIDT	Tag, Bärbel!
BÄRBEL	Ist Karl-Heinz da?
FRAU SCHMIDT	Nein, tut mir Leid. Er ist gerade zur Post gegangen.
BÄRBEL	Ach so. Können Sie ihm sagen, dass ich heute Abend nicht mit ihm ausgehen kann?
FRAU SCHMIDT	Natürlich. Was ist denn los?
BÄRBEL	Ich bin krank. Mir tut der Hals weh und ich habe Kopfschmerzen.
FRAU SCHMIDT	Das tut mir Leid. Gute Besserung!
BÄRBEL	Danke. Auf Wiederhören!
FRAU SCHMIDT	Wiederhören!

***

Bis gleich!

YVONNE	Bei Mayer.
DANIELA	Hallo, Yvonne! Ich bin's, Daniela.
YVONNE	Tag, Daniela! Was gibt's?
DANIELA	Nichts Besonderes. Hast du Lust, Squash zu spielen oder schwimmen zu gehen?
YVONNE	Squash? Nein, danke. Ich habe noch Muskelkater von vorgestern. Ich kann mich kaum rühren. Mir tut alles weh.
DANIELA	Lahme Ente! Wie wär's mit Schach?
YVONNE	O.K., das klingt gut. Kommst du zu mir?
DANIELA	Ja, bis gleich!

ÜBUNGSBLATT 9A: ....

STRUKTUR

Endings of Preceded Adjectives

A. Kombinieren Sie das Wort mit dem Adjektiv!

1. das Geschenk (toll)
   das tolle Geschenk
   ....
2. mein Freund (lieb)
   mein lieber Freund
   ....
3. ein Zimmer (sauber)
   ein sauberes Zimmer
   ....
4. den Jungen (klein)
   den kleinen Jungen
   ....

B. Ersetzen Sie das Hauptwort! *(noun)*

1. Ist das das bekannte Hotel? (Kirche)
   Ist das die bekannte Kirche?
   ....
2. Das gehört der alten Dame. (Junge / klein)
   Das gehört dem kleinen Jungen.
   ....

C. Wie komme ich zu meiner kleinen Pension? Antworten Sie mit dem neuen Adjektiv!

Gehen Sie die Straße links! (erst-)
Gehen Sie die erste Straße links!

1. Gehen Sie die Straße links!
2. Gehen Sie die Straße rechts!
3. Fahren Sie mit dem Bus!
4. Fahren Sie an dem Park vorbei!
5. Steigen Sie bei dem Café aus!
6. Gegenüber ist das Museum.
7. Neben dem Museum ist die Pension.

Reflexive Verbs

D. Ersetzen Sie das Subjekt!

1. Sie müssen sich beeilen. (du)
   Du musst dich beeilen.
   ....
2. Ich ziehe mich an. (wir)
   Wir ziehen uns an.
   ....
3. Ich höre mir die CD an. (wir)
   Wir hören uns die CD an.
   ....

ÜBUNGSBLATT 9B: ....

TEIL ZWEI

E. Wir sind noch nicht fertig. Sagen Sie, was noch zu tun ist!

duschen
Ich muss mich noch duschen.

....

Infinitive with *zu*

F. Ersetzen Sie das Verb!

1. Dort gibt es viel zu sehen. (tun)
   Dort gibt es viel zu tun.
   ....
2. Es ist einfach, einen Kuchen zu backen. (Geld ausgeben)
   Es ist einfach, Geld auszugeben.
   ....
3. Es macht Spaß, Schach zu spielen. (Briefmarken sammeln)
   Es macht Spaß, Briefmarken zu sammeln.
   ....

G. Sagen Sie, dass Sie keine Lust dazu haben!

Gehen wir spazieren!
Ich habe keine Lust spazieren zu gehen.

....

ÜBUNGSBLATT 9C: ....

AUSSPRACHE: l, z *(See also III. 8–10 in the pronunciation section.)*

A. Hören Sie zu und wiederholen Sie!

1. [l] **l**aut, **l**eicht, **l**ustig, **l**eider, Ha**l**s, Ge**l**d, ma**l**en, spie**l**en, f**l**iegen, ste**ll**en, schne**ll**, Ba**ll**, he**ll**
2. [ts] **z**ählen, **z**eigen, **z**wischen, **z**urück, **z**uerst, **Z**ug, **Z**ahn, Schmer**z**en, Ker**z**en, Ein**z**elzimmer, Pi**zz**a, beza**h**len, tan**z**en, je**tzt**, schmu**tz**ig, tro**tz**, kur**z**, schwar**z**, Sal**z**, Schwei**z**, Si**tz**pla**tz**

B. Wortpaare

1. *felt* / Feld	3. *plots* / Platz	5. seit / Zeit
2. *hotel* / Hotel	4. Schweiß / Schweiz	6. so / Zoo

Was hören Sie jetzt? ....

VERSTEHEN SIE?

Am Telefon

ÜBUNGSBLATT 9D: ....

DIKTAT

ÜBUNGSBLATT 9E: ....

EINBLICKE

Freizeit—Lust oder Frust?

....

TEIL EINS

GESPRÄCHE

Blick in die Zeitung

SONJA	Du, was gibt's denn heute Abend im Fernsehen?
THEO	Keine Ahnung. Sicher nichts Besonderes.
SONJA	Mal sehen! *Die unendliche Geschichte,* einen Dokumentarfilm und einen Krimi.
THEO	Dazu habe ich keine Lust.
SONJA	Vielleicht gibt's 'was im Kino?
THEO	Ja, *Männer, Titanic* und *Ein Herz im Winter.*
SONJA	Hab' ich alle schon gesehen.
THEO	Im Theater gibt's *Der kaukasische Kreidekreis,* von Brecht.
SONJA	Nicht schlecht. Hast du Lust?
THEO	Ja, das klingt gut. Gehen wir!

***

An der Theaterkasse

THEO	Haben Sie noch Karten für heute Abend?
DAME	Ja, erste Reihe erster Rang links und Parkett rechts.
THEO	Zwei Plätze im Parkett! Hier sind unsere Studentenausweise.
DAME	0,00 DM bitte!
SONJA	Wann fängt die Vorstellung an?
DAME	Um 20.15 Uhr.

***

Während der Pause

THEO	Möchtest du eine Cola?
SONJA	Ja, gern. Aber lass mich zahlen! Du hast schon die Programme gekauft.
THEO	Na gut. Wie hat dir der erste Akt gefallen?
SONJA	Prima. Ich habe das Stück schon mal in der Schule gelesen, aber noch nie auf der Bühne gesehen.
THEO	Ich auch nicht.

ÜBUNGSBLATT 10A: ....

STRUKTUR

Verbs with Prepositional Ojbects

A. Ersetzen Sie das Objekt!

1. Evi wartet auf die Straßenbahn. (Taxi)
   Evi wartet auf das Taxi.
   ....
2. Schreiben Sie an die Zeitung! (Gasthof)
   Schreiben Sie an den Gasthof!
   ....
3. Ich habe mich über das Programm geärgert. (die Vorstellung)
   Ich habe mich über die Vorstellung geärgert.
   ....

Da- and *Wo-*Compounds

B. Womit ersetzen Sie das Objekt?

für meinen Onkel	für ihn
für unser Haus	dafür

....

C. Was ist wo? Hören Sie zu!

Auf dem Tisch ist meine Gitarre. (Kassette / auf)
Die Kassette ist darauf.

....

ÜBUNGSBLATT 10B: ....

TEIL ZWEI

D. Wie fragen Sie nach dem Objekt?

an die Eltern	an wen?
an die Tafel	woran?

....

E. Wie bitte? Fragen Sie noch einmal!

Mutter wartet auf eine Antwort.
Worauf wartet sie?

....

Unpreceded Adjective Endings

F. Ersetzen Sie das Objekt!

1. Alle möchten frischen Salat. (Brot)
   Alle möchten frisches Brot.
   ....
2. Hier ist ein Glas kaltes Wasser. (Wein)
   Hier ist ein Glas kalter Wein.
   ....

G. Welche Endung hat das neue Adjektiv?

Peter hat einige Ideen. (gut)
Peter hat einige gute Ideen.

....

ÜBUNGSBLATT 10C: ....

AUSSPRACHE: r, er *(See also II. 9 and III. 11 in the pronunciation section.)*

A. Hören Sie zu und wiederholen Sie!

1. [r] rot, rosa, ruhig, rechts, **R**adio, **R**egal, **R**eihe, **R**oman, Prog**r**amm, Dorf, Konzert, Fahrt, Gitarre, traurig, krank, He**rr**en.
2. [ʌ] Orchest**er**, Theat**er**, Mess**er**, Tell**er**, ab**er**, leid**er**, hint**er**, unt**er**, üb**er**, wied**er**, weiter
3. [ʌ / r] Uh**r** / Uh**r**en; Oh**r** / Oh**r**en; Tü**r** / Tü**r**en; Cho**r** / Chö**r**e; Auto**r** / Auto**r**en; Klavie**r** / Klavie**r**e

B. Wortpaare

1. *ring* / Ring
2. *Rhine* / Rhein
3. *fry* / frei
4. *brown* / braun
5. *tear* / Tier
6. *tour* / Tour

Was hören Sie jetzt? ....

VERSTEHEN SIE?

Im Theater

Zum Erkennen: der Mörder, - *(murderer)*; böse *(mad, angry)*

ÜBUNGSBLATT 10D: ....

DIKTAT

ÜBUNGSBLATT 10E: ....

EINBLICKE

Wer die Wahl hat, hat die Qual.

....

NAME ______________________ DATUM __________ KURS __________

Übungsblatt 10

A. GESPRÄCHE

1. a. „Mutter Courage"
   b. „Titanic"
   c. „Die unendliche Geschichte"
2. a. im ersten Rang
   b. im Parkett
   c. im zweiten Rang
3. a. Brecht
   b. Theo
   c. Sonja

B. VERBS WITH PREPOSITIONAL OBJECTS AND *DA*-COMPOUNDS

1. Erzählen Sie uns ______________!
2. Ärgere dich nicht ______________!
3. Um acht ist die Vorstellung. Die Party ist ______________.

C. *WO*-COMPOUNDS AND ADJECTIVE ENDINGS

1. a. ______________ freuen sie sich?
   b. ______________ schreibt er?
2. a. Das ist ______________.
   b. Wir möchten ______________.
   c. Der Ober kommt mit ______________.

D. VERSTEHEN SIE?

1. Richtig Falsch
2. Richtig Falsch
3. Richtig Falsch
4. Richtig Falsch
5. Richtig Falsch

E. DIKTAT

____

____

____

____

Gesucht wird: charmanter, unternehmungslustiger, zärtlicher ADAM. Belohnung: hübsche, temperamentvolle EVA, Mitte 20, mag Antiquitäten, alte Häuser, schnelle Wagen, Tiere, Kinder.

TEIL EINS

GESPRÄCH

Partnersuche per Zeitungsanzeige

FRANK Du, hör mal! „Gesucht wird: charmanter, unternehmungslustiger, zärtlicher Adam. Belohnung: hübsche, temperamentvolle EVA, Mitte 20, mag Antiquitäten, alte Häuser, schnelle Wagen, Tiere, Kinder."

STEFAN Hmm, nicht schlecht, aber nicht für mich. Ich mag keine Kinder und gegen Tiere bin ich allergisch.

FRANK Dann sieh mal hier! „Es gibt, was ich suche. Aber wie finden? Akademikerin, Ende 20, schlank, musikalisch, sucht sympathischen, gebildeten, ehrlichen Mann mit Humor."

STEFAN Ja, das ist vielleicht 'was. Sie sucht jemand mit Humor. Das gefällt mir, und Musik mag ich auch. Aber ob sie Jazz mag? Vielleicht können wir beide kennen lernen?

FRANK Ich weiß nicht. Irgendwie ist mir das zu dumm, Leute durch Anzeigen in der Zeitung kennen zu lernen.

STEFAN Ach, Quatsch! Versuchen wir's doch! Was haben wir zu verlieren?

FRANK Wenn du meinst.

ÜBUNGSBLATT 11A: ....

STRUKTUR

The Simple Past

A. Ersetzen Sie das Subjekt!

1. Sie meinten es nicht. (ich)
   Ich meinte es nicht.
   ....
2. Ich wartete auf Klaus. (wir)
   Wir warteten auf Klaus.
   ....
3. Warum wussten wir nichts davon? (er)
   Warum wusste er nichts davon?
   ....

4. Da musste ich lachen. (alle)
   Da mussten alle lachen.
   ....
5. Onkel Otto rief danach an. (viele)
   Viele riefen danach an.
   ....

B. Ersetzen Sie das Verb!

Sonja wollte ein Radio. (sich wünschen)
Sonja wünschte sich ein Radio.
....

C. Eine alte Geschichte. Erzählen Sie sie in der Vergangenheit (simple past)!

So beginnt die Geschichte.
So begann die Geschichte.
....
....

ÜBUNGSBLATT 11B: ....

TEIL ZWEI

The Conjunctions *als, wenn, wann*

D. Bilden Sie einen Satz!

1. Beginnen Sie mit **Sie war nicht da, als . . . !**
   Er kam herein.
   Sie war nicht da, als er hereinkam.
   ....
2. Beginnen Sie mit **Ich sage es Ihnen, wenn . . . !**
   Ich weiß mehr.
   Ich sage es Ihnen, wenn ich mehr weiß.
   ....
3. Beginnen Sie mit **Wissen Sie, wann . . . !**
   Die Ferien beginnen.
   Wissen Sie, wann die Ferien beginnen?
   ....

The Past Perfect

E. Ersetzen Sie das Subjekt!

1. Wir hatten noch nicht angefangen. (du)
   Du hattest noch nicht angefangen.
   ....
2. Sie waren spazieren gegangen. (ich)
   Ich war spazieren gegangen.
   ....

F. Nach dem Erdbeben *(earthquake)*. Was hatten Sie gerade gemacht? **Haben** oder **sein?**

Ich hatte etwas gelesen. (in die Küche gehen)
Ich war in die Küche gegangen.
....

ÜBUNGSBLATT 11C: ....

AUSSPRACHE: f, v, ph, w *(See also III. 1, 4, and 5 in the pronunciation section.)*

A. Hören Sie zu und wiederholen Sie!

1. [f] **f**ast, **f**ertig, **f**reundlich, ö**ff**nen, Brie**f**
2. [f] **v**erliebt, **v**erlobt, **v**erheiratet, **v**ersucht, **v**ergessen, **v**erloren, Philoso**ph**ie
3. [v] **V**ideo, Kla**v**ier, Sil**v**ester, Pullo**v**er, Uni**v**ersität
4. [v] **w**er, **w**en, **w**em, **w**essen, **w**arum, sch**w**arz, sch**w**er, z**w**ischen

B. Wortpaare

1. *wine* / Wein
2. *when* / wenn
3. *oven* / Ofen
4. *veal* / viel
5. Vetter / Wetter
6. vier / wir

Was hören Sie jetzt? ....

VERSTEHEN SIE?

Der Herr im Haus

Zum Erkennen: der Herr im Haus *(master of the house)*: selbst *(yourself)*; die Henne, -n *(hen)*; das Pferd, -e *(horse)*

ÜBUNGSBLATT 11D: ....

DIKTAT

ÜBUNGSBLATT 11E: ....

EINBLICKE

Rumpelstilzchen

....

NAME ______________________ DATUM __________ KURS __________

Übungsblatt 11

A. GESPRÄCH

1. a. Sie lesen die Nachrichten.
   b. Sie lesen das Fernsehprogramm.
   c. Sie lesen Anzeigen.
2. a. Sie wollen ein Auto kaufen.
   b. Sie suchen einen Partner.
   c. Sie möchten eine Belohnung.
3. a. Sie sind 25 bis 29 Jahre alt.
   b. Sie sind 30 bis 35 Jahre alt.
   c. Sie sind 36 bis 40 Jahre alt.
4. a. Die Frau ist ihm zu alt.
   b. Er mag keine Antiquitäten.
   c. Er ist allergisch gegen Tiere.

B. THE SIMPLE PAST

1. Sie ______________ die ganze Nacht.
2. Wir ______________ uns um den Tisch.
3. Er ______________ nicht an die Zeit.
4. Sie ______________ alle wieder ein.

C. *ALS, WENN, WANN* AND THE PAST PERFECT

1. a. als wenn wann
   b. als wenn wann
   c. als wenn wann
2. a. Die Leute ______________ aus der Oper ______________.
   b. Die Nachbarin ______________ laut ______________.

D. VERSTEHEN SIE?

1. Richtig Falsch
2. Richtig Falsch
3. Richtig Falsch
4. Richtig Falsch
5. Richtig Falsch

E. DIKTAT

TEIL EINS

GESPRÄCH

Weißt du, was du werden willst?

TRUDI Sag mal Elke, weißt du schon, was du werden willst?
ELKE Ja, ich will Tischlerin werden.
TRUDI Ist das nicht viel Schwerarbeit?
ELKE Ach, daran gewöhnt man sich. Ich möchte mich vielleicht mal selbstständig machen.
TRUDI Das sind aber große Pläne!
ELKE Warum nicht? Ich habe keine Lust, immer nur im Büro zu sitzen und für andere Leute zu arbeiten.
TRUDI Und wo willst du dich um eine Lehrstelle bewerben?
ELKE Überhaupt kein Problem. Meine Tante hat ihre eigene Firma und hat mir schon einen Platz angeboten.
TRUDI Da hast du aber Glück.
ELKE Und wie ist es denn mit dir? Weißt du, was du machen willst?
TRUDI Vielleicht werde ich Zahnärztin. Gute Zahnärzte braucht man immer, und außerdem verdient man sehr gut.
ELKE Das stimmt, aber das dauert doch so lange.
TRUDI Ich weiß, aber ich freue mich trotzdem schon darauf.

ÜBUNGSBLATT 12A: ....

STRUKTUR

The Comparison of Adjectives and Adverbs

A. Geben Sie den Komparativ und den Superlativ!

lang
länger, am längsten
....

B. Ersetzen Sie das Adjektiv!

1. Bärbel ist so sportlich wie Ulrike. (musikalisch)
   Bärbel ist so musikalisch wie Ulrike.
   ....
2. Meikes Wohnung ist größer als meine Wohnung. (ruhig)
   Meikes Wohnung ist ruhiger als meine Wohnung.
   ....
3. Dieses Stück wird immer besser. (bekannt)
   Dieses Stück wird immer bekannter.
   ....
4. Das ist das beste Geschäft. (groß)
   Das ist das größte Geschäft.
   ....
5. Dieser Film war am lustigsten. (gut)
   Dieser Film war am besten.
   ....

C. Karl und Otto

Otto ist nicht so musikalisch wie Karl. (sportlich)
Aber er ist sportlicher.
....

ÜBUNGSBLATT 12B: ....

TEIL ZWEI

The Future

D. Ersetzen Sie das Subjekt!

1. Wir werden ihn anrufen. (du)
   Du wirst ihn anrufen. Beginnen Sie!
   ....
2. Ich werde mich beeilen. (ihr)
   Ihr werdet euch beeilen.
   ....
3. Wird er kommen können? (Jutta und Sebastian)
   Werden Jutta und Sebastian kommen können?
   ....

E. Was machen die Studenten während der Semesterferien?

Ich arbeite in einem Büro.
Ich werde in einem Büro arbeiten.
....

ÜBUNGSBLATT 12C: ....

AUSSPRACHE: b, d, g *(See also III. 3 in the pronunciation section.)*

1. [p] O**b**st, Her**b**st, Er**b**se, hü**b**sch, o**b**, hal**b**, gel**b**
   BUT [p / b] verlie**bt** / verlie**b**en; blei**bt** / blei**b**en; ha**bt** / ha**b**en
2. [t] un**d**, gesun**d**, anstrengen**d**, Gel**d**, Han**d**, sin**d**
   BUT [t / d] Freun**d** / Freun**d**e; Ba**d** / Bä**d**er; Kin**d** / Kin**d**er; wir**d** / wer**d**en
3. [k] Ta**g**, Zu**g**, We**g**, Bahnstei**g**, Flugzeu**g**, Ber**g**
   BUT [k / g] fra**g**st / fra**g**en; flie**g**st / flie**g**en; trä**g**st / tra**g**en; le**g**st / le**g**en

VERSTEHEN SIE?

Was bin ich?

ÜBUNGSBLATT 12D: ....

DIKTAT

ÜBUNGSBLATT 12E: ....

EINBLICKE

Die Berufswahl

....

NAME ______________________________ DATUM ____________ KURS ____________

Übungsblatt 12

A. GESPRÄCHE

1. ______________________________

2. ______________________________

3. ______________________________

B. COMPARISON

1. Rainer ist ______________ Katrin.

2. Die Tage werden ______________.

3. Diese Firma bezahlt ______________.

4. Herr Bauer ist ______________ Rechtsanwalt in der Stadt.

C. THE FUTURE TENSE

1. Sie ______________ davon ______________.

2. Ich ______________ sie dazu ______________.

D. VERSTEHEN SIE?

a. Krankenschwester
b. Wissenschaftler
c. Polizist
d. Rechtsanwalt
e. Verkäufer
f. Lehrer
g. in der Schule
h. im Supermarkt
i. im Krankenhaus *(hospital)*
j. zu Hause
k. auf der Straße
l. an der Universität

1. Sie *(you)* sind ___ und arbeiten ___.

2. Sie sind ___ und arbeiten ___.

3. Sie sind ___ und arbeiten ___.

E. DIKTAT

TEIL EINS

GESPRÄCHE

Bei der Immatrikulation

PETRA Hallo, John! Wie geht's?
JOHN Ganz gut. Und dir?
PETRA Ach, ich kann nicht klagen. Was machst du denn da?
JOHN Ich muss noch Immatrikulationsformulare ausfüllen.
PETRA Soll ich dir helfen?
JOHN Wenn du Zeit hast. Ich kämpfe immer mit der Bürokratie.
PETRA Hast du deinen Pass dabei?
JOHN Nein, wieso?
PETRA Darin ist deine Aufenthaltserlaubnis; die brauchst du unbedingt
JOHN Ich kann ihn ja schnell holen.
PETRA Tu das! Ich warte hier so lange auf dich.

***

Etwas später

JOHN Hier ist mein Pass. Ich muss mich jetzt auch bald entscheiden, welche Seminare ich belegen will. Kannst du mir da auch helfen?
PETRA Na klar. Was studierst du denn?
JOHN Mein Hauptfach ist moderne Geschichte. Ich möchte Seminare über deutsche Geschichte und Literatur belegen.
PETRA Hier ist mein Vorlesungsverzeichnis. Mal sehen, was sie dieses Semester anbieten.

ÜBUNGSBLATT 13A: ....

STRUKTUR

The Present-Time Subjunctive

A. Ersetzen Sie das Subjekt!

1. Da hätte ich ein gutes Einkommen. (du)
   Da hättest du ein gutes Einkommen.
   ....
2. Dann wären sie selbstständig. (ihr)
   Dann wäret ihr selbstständig.
   ....
3. Sie würden ein Praktikum machen. (er)
   Er würde ein Praktikum machen.
   ....
4. Wann könnten wir damit beginnen? (ich)
   Wann könnte ich damit beginnen?
   ....
5. Wenn ich das wüsste! (du)
   Wenn du das wüsstest!
   ....
6. Er käme bestimmt. (die Leute)
   Die Leute kämen bestimmt.
   ....

B. Sagen Sie die Sätze im Konjunktiv!

1. Ich fahre in die Stadt.
   Ich würde in die Stadt fahren.
   ....
2. Es ist zu schwierig.
   Es wäre zu schwierig.
   ....

C. Ersetzen Sie das Verb!

1. Wenn er etwas lernte, . . . (fleißiger arbeiten)
   Wenn er fleißiger arbeitete, . . .
   ....
2. Wenn du kommen könntest, . . . (reisen wollen)
   Wenn du reisen wolltest, . . .
   ....
3. Wenn sie kämen, . . . (daran teilnehmen)
   Wenn sie daran teilnähmen, . . .
   ....

D. Was würden Sie tun, wenn Sie Zeit hätten?

Wenn ich Zeit hätte, würde ich eine Reise machen. (mitkommen)
Wenn ich Zeit hätte, würde ich mitkommen.
....

ÜBUNGSBLATT 13B: ....

TEIL ZWEI

The Past-Time Subjunctive

E. Ersetzen Sie das Subjekt!

1. Ich hätte das nicht getan. (wir)
   Wir hätten das nicht getan.
   ....
2. Sie wäre weitergefahren. (ihr)
   Ihr wäret weitergefahren.
   ....
3. Wir hätten dort wohnen können. (er)
   Er hätte dort wohnen können.
   ....

F. Ersetzen Sie das Verb!

Wenn ich Zeit gehabt hätte, . . . (zu Fuß gehen)
Wenn ich zu Fuß gegangen wäre, . . .
....

G. Was hättet ihr getan, wenn es geregnet hätte?

Wir hätten etwas anderes gemacht. (nicht zu Hause bleiben)
Wir wären nicht zu Hause geblieben.
....

ÜBUNGSBLATT 13C: ....

AUSSPRACHE: s, ß, st, sp *(See also III. 6 and 12 in the pronunciation section.)*

Hören Sie zu und wiederholen Sie!

1. [z] **s**auber, **s**icher, **S**emester, **S**eminar, Pau**s**e
2. [s] Auswei**s**, Kur**s**, Profe**ss**or, wi**ss**en, la**ss**en, flei**ß**ig, Fu**ß**, Grü**ß**e
3. [št] **St**udium, **St**ipendium, **St**elle, **st**udieren, be**st**ehen, an**st**rengend
4. [st] zuer**st**, mei**st**ens, de**st**o, Komponi**st**, Kün**st**ler
5. [šp] **Sp**iel, **Sp**ort, **Sp**aß, **Sp**rache, Bei**sp**iel, **sp**ät

VERSTEHEN SIE?

Können Sie schweigen?

Zum Erkennen: schweigen *(to keep a secret)*

ÜBUNGSBLATT 13D: ....

DIKTAT

ÜBUNGSBLATT 13E: ....

EINBLICKE

Ein Jahr drüben wäre super!

....

NAME ______________________ DATUM __________ KURS __________

Übungsblatt 13

A. GESPRÄCHE

1. Richtig Falsch
2. Richtig Falsch
3. Richtig Falsch
4. Richtig Falsch
5. Richtig Falsch

B. INDICATIVE VERSUS SUBJUNCTIVE

1. a. Indikativ Konjunktiv
   b. Indikativ Konjunktiv
   c. Indikativ Konjunktiv
   d. Indikativ Konjunktiv
   e. Indikativ Konjunktiv
   f. Indikativ Konjunktiv

2. a. Wenn du uns ______________ ______________, . . .

   b. Wenn er dir ______________, . . .

   c. Wenn ihr krank ______________, . . .

   d. Wenn Manfred ______________, . . .

C. PAST-TIME SUBJUNCTIVE

1. Wenn ich das gewusst hätte, ______________ ich dir ______________.

2. Wenn ich das gewusst hätte, ______________ ich auch ______________.

3. Wenn ich das gewusst hätte, ______________ ich es dir ______________.

D. VERSTEHEN SIE?

1. a. in der Bibliothek
   b. in der Nähe der Uni
   c. im Hörsaal
2. a. vor ihr
   b. vor einer Prüfung
   c. vor dem Labor
3. a. zu einer Tasse Kaffee
   b. zu einem Glas Bier
   c. zu einem Teller Suppe
4. a. Er fand sie nett
   b. Er wollte etwas über Stipendien wissen.
   c. Er wollte etwas über die Prüfung wissen.
5. a. Nein, sie sagte ihm nichts.
   b. Ja, sie hat ihm alles gesagt.
   c. Vielleicht.

E. DIKTAT

TEIL EINS

GESPRÄCH

Hier ist immer etwas los.

HEIKE Und das hier ist die Gedächtniskirche mit ihren drei Gebäuden. Wir nennen sie den „Hohlen Zahn", den „Lippenstift" und die „Puderdose."

MARTIN Berliner haben doch für alles einen Spitznamen.

HEIKE Der alte Turm der Gedächtniskirche soll als Mahnmal so bleiben, wie er ist. Die neue Gedächtniskirche mit dem neuen Turm ist aber modern.

MARTIN Und sie sehen wirklich ein bisschen aus wie ein Lippenstift und eine Puderdose. Sag mal, wohnst du gern hier in Berlin?

HEIKE Na klar! Berlin ist unheimlich lebendig und hat so viel zu bieten, nicht nur historisch, sondern auch kulturell. Hier ist immer 'was los. Außerdem ist die Umgebung wunderschön.

MARTIN Ich hab' irgendwo gelesen, dass 24 Prozent der Stadtfläche Wälder und Seen sind, mit 800 Kilometer Fahrradwegen.

HEIKE Ist doch toll, oder?

MARTIN Wahnsinn! Sagt mal, warst du dabei, als sie die Mauer durchbrochen haben?

HEIKE Und ob! Das werde ich nie vergessen.

MARTIN Ich auch nicht, obwohl ich's nur im Fernsehen gesehen habe.

HEIKE Wir haben die ganze Nacht gewartet, obwohl es ganz schön kalt war. Als das erste Stück Mauer kippte, haben wir alle laut gesungen: „So ein Tag, so wunderschön wie heute, so ein Tag, der dürfte nie vergehen."

MARTIN Ich sehe immer noch die Leute oben auf der Mauer tanzen und feiern.

HEIKE Ja, Mensch, das war schon einmalig. Wer hätte gedacht, dass das alles so schnell gehen würde.

MARTIN Und so friedlich.

ÜBUNGSBLATT 14A: ....

STRUKTUR

Relative Clauses

A. Sagen Sie es mit einem Relativpronomen!

1. Der Arzt ist gut.
   Das ist ein Arzt, der gut ist.
   ....
2. Den Maler kenne ich nicht.
   Das ist ein Maler, den ich nicht kenne.
   ....
3. Wir haben es der Dame gesagt:
   Das ist die Dame, der wir es gesagt haben.
   ....
4. Ich habe das Buch des Professors.
   Das ist der Professor, dessen Buch ich habe.
   ....
5. Wir haben den Leuten geholfen.
   Das sind die Leute, denen wir geholfen haben.
   ....
6. Wir haben mit dem Herrn gesprochen.
   Das ist der Herr, mit dem wir gesprochen haben.
   ....

B. Stellen Sie Fragen!

1. Du hast die Gitarre gekauft.
   Ist das die Gitarre, die du gekauft hast?
   ....
2. Das Auto gehört dem Herrn.
   Wo ist der Herr, dem das Auto gehört?
   ....
3. Der Koffer des Kollegen steht hier.
   Wo ist der Kollege, dessen Koffer hier steht?
   ....
4. Er spricht von einem Komponisten.
   Wie heißt der Komponist, von dem er spricht?
   ....

C. Das haben wir zur Hochzeit bekommen.

Onkel Max hat uns einen Scheck geschickt.
Das ist der Scheck, den Onkel Max uns geschickt hat.

1. Onkel Max hat uns einen Scheck geschickt.
2. Tante Irene hat uns die Gläser gegeben.
3. Meine Großmutter hat uns die Tassen geschenkt.
4. Meine Freundin hat das Radio gebracht.
5. Deine Eltern haben uns den Sessel geschenkt.
6. Deine Freunde haben das Bild geschickt.

ÜBUNGSBLATT 14B: ....

TEIL ZWEI

Indirect Speech

D. Was haben sie gesagt oder gefragt?

1. Hans reist gern nach Saas-Fee.
   Sie sagte, dass Hans gern nach Saas-Fee reiste.

   Hans reist gern nach Saas-Fee.
   Das Dorf ist autofrei.
   Es gibt dort viele Alpenblumen.
   Man kann auch im Juli Skilaufen gehen.
   Er fährt bald wieder nach Saas-Fee.

2. Carolyn hat ein Jahr in Deutschland studiert.
   Er erzählte, dass Carolyn ein Jahr in Deutschland studiert hätte.

   Carolyn hat ein Jahr in Deutschland studiert.
   Es hat ihr dort sehr gut gefallen.
   In den Ferien ist sie gereist.
   Sie ist auch in Griechenland gewesen.
   Sie hat viele Menschen kennen gelernt.
   Sie ist erst im August zurückgekommen.

3. Ist das die Synagoge?
   Sie fragte, ob das die Synagoge wäre.

   Ist das die Synagoge?
   Kann man hineingehen?
   Ist in Berlin wirklich so viel los?
   Gehst du viel ins Kino?
   Gibt es hier gute Discos?
   Studieren viele Ausländer in Berlin?

4. Wo ist das Brandenburger Tor?
   Er fragte, wo das Brandenburger Tor wäre.

   Wo ist das Brandenburger Tor?
   Wie heißt das Gebäude da drüben?
   Was macht man jetzt mit dem Gebäude?
   Was soll man sich noch ansehen?
   Wie lange ist Berlin eine Insel gewesen?
   Was hat man mit den Mauerresten gemacht?

5. Hören Sie sich ein Konzert an!
   Er sagte, sie sollten sich ein Konzert anhören.

   Hören Sie sich ein Konzert an!
   Gehen Sie in die Staatsoper!
   Besuchen Sie das Pergamonmuseum!
   Bummeln Sie am Ku'damm entlang!
   Gehen Sie im Schlosspark spazieren!
   Machen Sie eine Fahrt auf dem Wannsee!

ÜBUNGSBLATT 14C: ....

AUSSPRACHE: pf, ps, qu *(See also III. 19, 21, and 22 in the pronunciation section.)*

1. [pf] **Pf**arrer, **Pf**effer, **Pf**ennig, **Pf**und, A**pf**el, Ko**pf**, em**pf**ehlen
2. [ps] **Ps**ychologe, **Ps**ychologie, **ps**ychologisch, **Ps**alm, **Ps**eudonym, Ka**ps**el
3. [kv] **Qu**atsch, **Qu**alität, **Qu**antität, **Qu**artal, be**qu**em

VERSTEHEN SIE?

Einer, der das Warten gelernt hat

Zum Erkennen: der Buddha *(statue of Buddha)*; reiben, rieb, gerieben *(to rub)*

ÜBUNGSBLATT 14D: ....

DIKTAT

ÜBUNGSBLATT 14E: ....

EINBLICKE

Berlin, ein Tor zur Welt

....

TEIL EINS

GESPRÄCHE

Zu Besuch in Weimar

TOM Komisch, dieses Denkmal von Goethe und Schiller kommt mir so bekannt vor. Ich glaube, ich habe es schon irgendwo gesehen.
DANIELA Warst du eigentlich schon mal in San Francisco?
TOM Na klar!
DANIELA Warst du auch im Golden Gate Park?
TOM Ach ja, da steht genau das gleiche Denkmal. Das haben, glaub' ich, die Deutsch-Amerikaner in Kalifornien einmal bauen lassen.
DANIELA Richtig! Übrigens, weißt du, dass Weimar 1999 Kulturhauptstadt Europas war?
TOM Nein, das ist mir neu. Wieso denn?
DANIELA Im 18. Jahrhundert haben hier doch viele berühmte Leute gelebt und die Weimarer Republik ist auch danach benannt.
TOM Ja ja. Aber heute früh, als ich am Mahnmal vom Konzentrationslager Buchenwald auf die Stadt herabblickte, hatte ich sehr gemischte Gefühle.
DANIELA Ja, so gesehen, hast du natürlich Recht.

***

In der Altstadt

DANIELA Schau mal, die alten Häuser hier sind doch echt schön.
TOM Ja, sie sind gut restauriert worden. Ich finde es vor allem schön, dass hier keine Autos fahren dürfen.
DANIELA Gott sei Dank! Die Fassaden hätten die Abgase der Trabbis nicht lange überlebt.
TOM Bei uns gibt es jetzt auch eine Bürgerinitiative, alle Autos in der Altstadt zu verbieten, um die alten Gebäude zu retten.
DANIELA Das finde ich gut.
TOM Sind die farbigen Container da drüben für die Mülltrennung?
DANIELA Ja, habt ihr das auch?
TOM Das schon, aber in der Richtung könnte sicherlich noch viel mehr geschehen.

ÜBUNGSBLATT 15A: ....

STRUKTUR

The Passive Voice

A. Ersetzen Sie das Subjekt!

1. Er wird heute fotografiert. (wir)
   Wir werden heute fotografiert.
   ....
2. Ich wurde zur Party eingeladen. (ihr)
   Ihr wurdet zur Party eingeladen.
   ....
3. Du wirst angerufen werden. (Sie)
   Sie werden angerufen werden.
   ....
4. Ist Trudi schon gefragt worden? (ihr)
   Seid ihr schon gefragt worden?
   ....
5. Die Leute sollen noch bezahlt werden. (ich)
   Ich soll noch bezahlt werden.
   ....

B. Wer hat das Hotel empfohlen?

Es wurde von dem Taxifahrer empfohlen. (ein Freund)
Es wurde von einem Freund empfohlen.
....

C. Sagen Sie die Sätze im Aktiv!

Der Turm wird von den Amerikanern besichtigt.
Die Amerikaner besichtigen den Turm.

1. Der Turm wird von den Amerikanern besichtigt.
2. Die Prüfung wird von dem Studenten gemacht.
3. Das Paket wird von der Firma geschickt.
4. Der Sauerbraten wird von dem Ober empfohlen.
5. Die Wohnung wird von der Dame vermietet.

D. Sagen Sie die Sätze im Passiv! *(Don't express the agent.)*

Die Firma renoviert das Gebäude.
Das Gebäude wird renoviert.
....

E. Sagen Sie die Sätze in einer anderen Zeit!

1. In der Vergangenheit

   Die Pläne werden gemacht.
   Die Pläne wurden gemacht.
   ....
2. Im Perfekt

   Das Schloss wird besichtigt.
   Das Schloss ist besichtigt worden.
   ....
3. In der Zukunft

   Es wird viel geredet.
   Es wird viel geredet werden.
   ....

ÜBUNGSBLATT 15B: ....

TEIL ZWEI

F. Die Hochzeit. Was muss gemacht werden?

Wir müssen die Hochzeit feiern.
Die Hochzeit muss gefeiert werden.

1. Wir müssen die Hochzeit feiern.
2. Wir müssen Einladungen schreiben.
3. Wir müssen das Haus putzen.
4. Wir müssen die Blumen bestellen.
5. Wir müssen die Lebensmittel kaufen.
6. Wir müssen den Sekt kalt stellen.
7. Wir müssen Kuchen backen.
8. Wir müssen den Fotografen anrufen.

The Various Uses of *werden*

G. Jetzt hören Sie zehn Sätze. Welche Funktion hat **werden?** Ist **werden** ein volles Verb *(a full verb)* oder ist der Satz in der Zukunft, im Konjunktiv oder im Passiv? Passen Sie auf! *(Circle the correct answer.)*

1.	volles Verb	Zukunft	Konjunktiv	Passiv
2.	volles Verb	Zukunft	Konjunktiv	Passiv
3.	volles Verb	Zukunft	Konjunktiv	Passiv
4.	volles Verb	Zukunft	Konjunktiv	Passiv
5.	volles Verb	Zukunft	Konjunktiv	Passiv
6.	volles Verb	Zukunft	Konjunktiv	Passiv
7.	volles Verb	Zukunft	Konjunktiv	Passiv
8.	volles Verb	Zukunft	Konjunktiv	Passiv
9.	volles Verb	Zukunft	Konjunktiv	Passiv
10.	volles Verb	Zukunft	Konjunktiv	Passiv

ÜBUNGSBLATT 15C: ....

AUSSPRACHE: Glottal Stops *(See also II. 42 in the pronunciation section.)*

Hören Sie zu und wiederholen Sie!

1. +Erich +arbeitet +am +alten Schloss.
2. Die +Abgase der +Autos machen +einfach +überall +alles kaputt.
3. +Ulf +erinnert sich +an +ein +einmaliges +Abendkonzert +im +Ulmer Dom.
4. +Otto sieht +aus wie +ein +alter +Opa.
5. +Anneliese +ist +attraktiv +und +elegant.

VERSTEHEN SIE?

Der Mantel

Zum Erkennen: herumlaufen *(to run around);* protestieren; Das ist egal. *(That doesn't matter.)*

ÜBUNGSBLATT 15D: ....

DIKTAT

ÜBUNGSBLATT 15E: ....

EINBLICKE

Der Wind kennt keine Grenzen.

....

NAME ______________________ DATUM ____________ KURS ____________

Übungsblatt 15

A. GESPRÄCH

1. Richtig	Falsch		4. Richtig	Falsch
2. Richtig	Falsch		5. Richtig	Falsch
3. Richtig	Falsch			

B. THE PASSIVE VOICE

1. Die Pläne ________________.

2. Die Häuser ________________.

3. Der Dom ________________.

C. THE VARIOUS USES OF *WERDEN*

1. volles Verb	Zukunft	Konjunktiv	Passiv
2. volles Verb	Zukunft	Konjunktiv	Passiv
3. volles Verb	Zukunft	Konjunktiv	Passiv

D. VERSTEHEN SIE?

1. a. Der Mantel wäre zu elegant.
   b. Der Mantel sähe furchtbar aus.
   c. Der Mantel sähe toll aus.
2. a. Hier würde ihn niemand kennen.
   b. Er hätte kein Geld, sich einen Mantel zu kaufen.
   c. Das wäre schade.
3. a. Er ist von niemand abgeholt *(picked up)* worden.
   b. Er ist von ein paar Studenten abgeholt worden.
   c. Er ist von Einstein abgeholt worden.
4. a. Er meinte, Einstein wäre ein intelligenter Mann.
   b. Er meinte, die Leute könnten schlecht von ihm denken.
   c. Er sagte, er würde ihm einen Mantel kaufen.
5. a. Er sagte „Danke schön!"
   b. Das wäre egal, weil ihn jeder kennen würde.
   c. Er hätte keine Zeit, einkaufen zu gehen.

E. DIKTAT

____

____

____

____

Zu Hause

NAME ______________________ DATUM __________ KURS __________

Auf Deutsch bitte! *(Write it in German.)*

1. *Mr.* ______________________
2. *Mrs.* ______________________
3. *Thank you.* ______________________
4. *How are you?* ______________________
5. *I'm (feeling) fine.* ______________________
6. *I'm tired.* ______________________
7. *My name is Max.* ______________________
8. *What's your name?* ______________________
9. *Pleased to meet you!* ______________________
10. *Good-bye.* ______________________

SCHRITT 2

Auf Deutsch bitte! *(Include the proper article and plural of nouns.)*

1. *the pencil* ____________________
2. *the book* ____________________
3. *the color* ____________________
4. *the door* ____________________
5. *in German* ____________________
6. *yellow* ____________________
7. *I am* ____________________
8. *to read* ____________________
9. *to hear* ____________________
10. *How does one say . . . ?* ____________________

NAME ______________________ DATUM ____________ KURS ____________

SCHRITT 3

Auf Deutsch bitte!

1. *the sweater* ______________________
2. *the shirt* ______________________
3. *the blouse* ______________________
4. *the coat* ______________________
5. *to need* ______________________
6. *to take* ______________________
7. *big* ______________________
8. *slowly* ______________________
9. *short* ______________________
10. *How much is that?* ______________________

SCHRITT 4

Auf Deutsch bitte!

1. *the day* ____________________
2. *the month* ____________________
3. *the weather* ____________________
4. *the week* ____________________
5. *the year* ____________________
6. *It's beautiful.* ____________________
7. *isn't it?* ____________________
8. *It's raining.* ____________________
9. *really* ____________________
10. *I think so, too.* ____________________

NAME ______________________ DATUM __________ KURS __________

Auf Deutsch bitte!

1. *the clock* ______________________
2. *the time* ______________________
3. *the lecture* ______________________
4. *to play tennis* ______________________
5. *to eat* ______________________
6. *finished* ______________________
7. *What time is it?* ______________________
8. *now* ______________________
9. *I have a question.* ______________________
10. *See you later!* ______________________

NAME ______________________ DATUM __________ KURS __________

SCHRITTE

RÜCKBLICK

The *Rückblick* exercises are intended for your own review before exams. Answers to all exercises in this section are given in the answer key in the back of this Workbook.

A. Sprechsituation: Was sagen Sie? *(For each of the statements or questions below, circle the letter preceding the most appropriate response.)*

1. Guten Morgen!

   a. Gute Nacht! b. Guten Abend! c. Guten Tag!

2. Wie geht es Ihnen?

   a. Freut mich. b. Sehr gut, danke! c. Ich finde es schön.

3. Ich heiße Schulz. Und Sie?

   a. Es geht mir auch gut. b. Ich habe keine Zeit. c. Mein Name ist Fitzke.

4. Was bedeutet das?

   a. Wie bitte? b. Ich weiß nicht. c. Schade!

5. Das Wetter ist heute furchtbar, nicht wahr?

   a. Ja, die Sonne scheint. b. Sprechen Sie nicht so schnell! c. Ja, es regnet und regnet.

6. Tschüss!

   a. Bis später! b. Ich auch. c. Prima!

B. Auf Deutsch bitte!

1. *Good morning. Please open the book to page ten.*

   ____

2. *Do you understand that?*

   ____

3. *Yes, but please read slowly.*

4. *What's the weather like?*

5. *It's raining, isn't it?*

6. *No, the sun is shining.*

7. *Really? I think that's wonderful.*

8. *What time is it?*

9. *It's a quarter to twelve.*

10. *Thank you.—You're welcome.*

11. *When do you eat?*

12. *At half past twelve. Good-bye!*

NAME ______________________ DATUM __________ KURS __________

C. Was passt? *(What fits? Match each classroom expression on the left with the English equivalent on the right. Although not all of these are active vocabulary, you should be able to understand them.)*

____ 1. Alle zusammen!
____ 2. Antworten Sie bitte!
____ 3. Auf Deutsch bitte!
____ 4. Bilden Sie einen Satz!
____ 5. Gehen Sie an die Tafel bitte!
____ 6. Hören Sie gut zu!
____ 7. Ich habe eine Frage.
____ 8. Ich verstehe das nicht.
____ 9. Ich weiß nicht.
____ 10. Lernen Sie das bitte!
____ 11. Lesen Sie laut!
____ 12. Noch einmal bitte!
____ 13. Passen Sie auf!
____ 14. Schreiben Sie bitte!
____ 15. Sprechen Sie lauter!
____ 16. Sprechen Sie langsam!
____ 17. Wie bitte?
____ 18. Wiederholen Sie bitte!

a. *Make a sentence.*
b. *Listen well.*
c. *Please learn that.*
d. *Again, please.*
e. *I don't understand that.*
f. *Please repeat.*
g. *In German, please.*
h. *Speak louder.*
i. *All together.*
j. *Please write.*
k. *I have a question.*
l. *Please answer.*
m. *What did you say, please?*
n. *Please go to the board.*
o. *I don't know.*
p. *Pay attention.*
q. *Read aloud.*
r. *Speak slowly.*

A. Erweitern Sie Ihren Wortschatz! *(Increase your vocabulary.)*

Because German and English are both members of the Germanic branch of the Indo-European language family, they share a lot of vocabulary. You already know quite a few cognates. Some are identical in spelling; some are very similar. For each of the English words below, give the German cognate, and in the case of nouns, the gender, plural, and appropriate personal pronoun.

z. B. *word*

das Wort, die Wörter / es

1. *shoe* ______________
2. *brother* ______________
3. *family* ______________
4. *weather* ______________
5. *butter* ______________
6. *land* ______________
7. *brown* ______________
8. *green* ______________
9. *to cost* ______________
10. *to begin* ______________
11. *to drink* ______________
12. *to bring* ______________

B. Was fehlt?

den
ein
ein
ein paar
er
er
es
etwas
gern
habe
Stück
was

„Da ist ______ (1) Supermarkt. ______ (2) ist sehr gut. Das Gemüse ist nicht billig, aber ______ (3) ist sehr frisch."

„Ich ______ (4) Hunger. ______ (5) kaufen wir?"

„Ich brauche ______ (6) Wurst und Käse, ______ (7) Tomaten und ______ (8) Brot."

„Sehen Sie ______ (9) Apfelkuchen? ______ (10) ist wunderbar."

„Ich esse ______ (11) Apfelkuchen."

„Geben Sie mir bitte drei ______ (12) Apfelkuchen!"

C. Auf Deutsch bitte!

1. *We are going through the department store.*

____

2. *There they have jackets and coats. They are inexpensive.*

____

3. *What do you* (sg. fam.) *have against the coat?*

____

4. *I don't need a coat, and I wouldn't like a jacket.*

____

5. *I would like a cup of coffee without milk.*

____

6. *What kind of cake would you* (sg. fam.) *like?—Cheesecake, of course!*

____

NAME ______________________ DATUM ____________ KURS ____________

D. Kreuzworträtsel *(Fill in the crossword puzzle below. For umlauts, write Ä, Ö, or Ü)*

Horizontal:

1. Die . . . ist ein Geschäft. Da kauft man Shampoo, aber keine Medizin.
2. Möchten Sie ein . . . Kuchen?
3. Mittags essen die Deutschen oft . . . mit Gemüse und Kartoffeln.
4. Eine . . . ist rot.
5. Eine . . . ist lang und grün.
6. Man kauft . . . im Frühling. Ein . . .kuchen ist prima.

Vertikal:

1. In England trinkt man viel . . .
2. Bohnen, Erbsen und Kartoffeln sind . . .
3. Kinder essen gern . . .
4. . . . ist ein Milchprodukt.
5. Studenten trinken gern . . .
6. Ich esse etwas. Ich habe . . .
7. Ich esse . . . mit Butter und Käse.
8. Morgens esse ich auch gern ein . . .

E. Lebensmittel und Preise *(Fill in the missing information.)*

Frische
Zwiebelmettwurst
100 g 1.59

Frischwurst-Aufschnitt
6fach sortiert
100 g 1.29

Westfälische
Salami oder Cervelatwurst
je 100 g 2.49

Leberwurst
grob oder fein
je 100 g 1.49

Baguette
4 Sorten
250-/300-g-Packung 1.99

Frischkäse
versch. Sorten
je 200-g-Packung 1.79

Holl.
Gouda
mittelalt,
48 % F. i. Tr.
100 g 1.29

Holl.
Boterkaas
50 % F. i. Tr.
100 g 1.59

Stets frisch!
Gehacktes
Rind- u. Schweinefleisch gemischt
1 kg 6.99

Frisches
Schweinefilet
1 kg 19.99

Sauerbraten
nach Hausfrauen Art
1 kg 9.99

Krombacher Pils
Kst. = 20 x 0,5-l-Fl. 19.99
+ 6,- DM Pfand 25.99

1. Hier gibt es Wurst, zum Beispiel ________________ und ________________. 2. Der Preis ist für ________________ Gramm. 3. Natürlich haben sie auch ________________, zum Beispiel Baguettes. 4. Eine Baguette ________________ 1,99 DM. 5. Es gibt auch Käse, zum Beispiel ________________ und ________________. 6. „Boterkaas" ist Butterkäse auf Deutsch. Der Boterkaas kommt aus ________________. 7. Gehacktes und Sauerbraten sind ________________. 8. Der Preis ist für ________________ Kilogramm. 9. Zwanzig Flaschen Krombacher Bier ________________ 19,99 DM. 10. Das Pfand *(deposit)* für die ________________ Bier ist 6,—DM.

F. Sprechsituation: Im Kaufhaus *(At the department store. It's gotten cold and you need a warm coat.)*

VERKÄUFERIN Guten Tag! Was darf's sein?

SIE ____

VERKÄUFERIN Hier sind die Mäntel.

SIE ____

VERKÄUFERIN Ja, sie sind schön warm.

SIE ____

VERKÄUFERIN Er kostet nur 345,—DM.

SIE ____

VERKÄUFERIN Sehr gut. Sonst noch etwas?

SIE ____

VERKÄUFERIN Vielen Dank! Auf Wiedersehen!

G. Aufsatz *(Write a brief paragraph about shopping in Regensburg by answering the questions below.)*

Einkaufen in Regensburg

Was für Geschäfte gibt es um die Ecke? Ist das Lebensmittelgeschäft sehr teuer? Wann ist Markt? Was verkaufen die Bauern da? Wie ist alles? Wann sind die Geschäfte offen? Wann sind sie zu?

NAME ______________________ DATUM ____________ KURS ____________

A. Erweitern Sie Ihren Wortschatz!

An analysis of groups of cognates shows that differences between English and German cognates developed quite systematically. For the groups of words below, write the English equivalents, and point out the vowel relationship.

z. B. klar *clear* *a / ea*
Jahr *year*

1. alt old a/o
   kalt cold
   lang long
2. Tee tea e/a
   See lake
3. Bier beer i/e
   Knie knee
4. Sommer summer o/u
   Sonne sun
   Onkel unkel
5. Osten west o/e
   Bohne bean
6. gut good u/o
   Buch book
   Nudel noodle
7. Suppe soup u/o
   jung young

B. Was fehlt?

~~aus~~
~~bei~~
~~das~~
~~ein Glas~~
~~eine Tasse~~
~~frühstückt~~
~~kalt~~
~~nach~~
~~nach~~
~~um~~
~~zum~~
~~zur~~

Tom ist Amerikaner. Er kommt aus (1) Milwaukee. Er wohnt jetzt in Heidelberg bei (2) Familie Schneider. Da frühstückt (3) er und ist auch dort zum Abendessen. Das (4) Frühstück gibt es Joghurt oder Ei, Brot, Butter, Wurst oder Marmelade und Kaffee. Nach (5) dem Frühstück geht Tom zur Universität *(university)*. Mittags geht er Zum (6) Mensa. Da ist nach (7) Mittagessen nicht teuer. Um (8) fünf oder halb sechs geht er Zur (9) Hause. Das Abendessen ist Kalt (10). Herr Schneider trinkt gern eine tasse (11) Wein, aber Frau Schneider trinkt ein Glas (12) Tee. Tom trinkt Milch, wie *(like)* die Kinder.

C. Bilden Sie ganze Sätze! *(Form complete sentences. Provide appropriate articles and verb endings, and use the correct word order.)*

1. Ober / geben / Alex / Speisekarte

Der Ober gebt Alex der Speisekarte.

2. Alex / lesen / Speisekarte / und / nehmen / Reis mit Huhn *(chicken)*

Alex liest die Speisekarte und nimmt Reis mit Huhn.

3. er / essen / auch / etwas Salat / und / trinken / Glas Wein

Er isst auch etwas Salat und trinkt eine Glas Wein.

4. Zum Nachtisch / Ober / empfehlen / Schokoladenpudding

Der Ober empfieht Schokoladenpudding Zum Nachtisch.

5. Restaurant / gefallen / Student *(sg.)*

Die Student gefällt dem Restaurant.

D. Was ist was? *(Write the German word for each numbered item in the picture below. Include the proper article and plural.)*

1. die Gabel, -n
2. der Teller
3. das Messer -
4. das Glas
5. ______________
6. die Serviette
7. die Brot
8. die Kuchen

E. Sprechsituation: Im Restaurant *(Complete the dialogue below by filling in the missing lines. For a choice of foods, use the menu on p. 102 of the textbook.)*

BEDIENUNG Guten Tag! Was darf's sein?

SIE ______________________________

BEDIENUNG Möchten Sie die Speisekarte sehen?

SIE ______________________________

BEDIENUNG Hier ist sie.

SIE ______________________________

BEDIENUNG Der Sauerbraten ist heute besonders gut.

SIE ______________________________

BEDIENUNG Was für Suppe möchten Sie?

SIE ______________________________

BEDIENUNG Und was möchten Sie trinken?

SIE ______________________________

BEDIENUNG Und zum Nachtisch?

SIE ______________________________

BEDIENUNG Gut. Die Suppe kommt in zwei Minuten.

F. Aufsatz *(Describe two of the following people in four to five sentences each.)*

1. Oskar, who is on a diet
2. Petra, who is a vegetarian
3. Nicole, who loves junk food
4. Irene, who thinks well-balanced meals and good nutrition are very important

z. B. *Andreas, who doesn't care about calories*

Andreas hat immer Hunger. Zum Frühstück isst er Cornflakes, Brötchen mit Butter und Marmelade und trinkt ein Glas Milch. Mittags isst er Fleisch, Gemüse und Kartoffeln, und zum Nachtisch Kuchen oder Eis. Nachmittags trinkt er Cola und isst Chips und abends isst er Butterbrot mit Wurst oder Käse und etwas Obst.

NAME ______________________ DATUM __________ KURS __________

KAPITEL RÜCKBLICK 1–3

The *Rückblick* exercises are intended for your own review before exams. Answers to all exercises in this section are given in the answer key in the back of this Workbook.

I. Wortschatzwiederholung

A. Geben Sie das Gegenteil!

1. kaufen ______________ 7. alles ______________

4. fragen ______________ 8. billig ______________

3. kommen ______________ 9. dick ______________

4. nördlich ______________ 10. groß ______________

5. im Westen ______________ 11. schnell ______________

6. offen ______________ 12. toll ______________

B. Geben Sie den Artikel!

1. ____ Buttermilch 4. ____ Salatkartoffel 7. ____ Marmeladenbrot

2. ____ Bananeneis 5. ____ Lebensmittelrechnung 8. ____ Obstkuchen

3. ____ Kartoffelsalat 6. ____ Limonadenflasche 9. ____ Zitronenpudding

C. Was fehlt?

1. Vater, Mutter und Kinder sind zusammen eine ________________.

2. In Deutschland isst man Brot mit Wurst, Käse oder Fisch zum ________________.

3. Für Suppe, Pudding oder Eis braucht man einen ________________.

4. Orangen, Bananen, Erdbeeren und Äpfel sind ________________.

5. Erbsen, Karotten und Bohnen sind ________________.

6. Der Vater von meiner Mutter ist mein ________________, aber der Bruder von meiner Mutter ist mein ________________.

7. Zum Schreiben braucht man einen ________________ oder einen ________________ und ein Stück ________________.

8. Im Winter braucht man einen ________________ oder eine ________________.

9. Hier essen die Studenten: ________________.

10. Hier essen die Leute Kuchen und sie trinken Kaffee oder Tee: ________________.

11. Hier kauft man Röcke und Blusen, Jacken und Hosen, auch Schuhe: ________________.

II. Strukturwiederholung

D. Verben. Variieren Sie die Sätze!

1. **Ich trinke Saft.**
   We drink juice. Do you (3x) *drink juice? She doesn't drink juice.*

____

____

____

____

____

2. **Sie antwortet den Leuten.**
I'm answering the people. They answer the people. Does she answer the people? Answer (formal) *the people. Don't* (formal) *answer the people. Why aren't you* (3x) *answering the people?*

____

____

____

3. **Er fährt nach Stuttgart.**
They're driving to Stuttgart. Why is she driving to Stuttgart? I'm not going to drive to Stuttgart. Are you (3x) *driving to Stuttgart? Drive* (formal) *to Stuttgart. Don't* (formal) *drive to Stuttgart.*

____

____

____

4. **Wir essen Fisch.**
Who's eating fish? Are you (3x) *eating fish? They don't eat fish. Eat* (formal) *fish.*

____

5. **Sie werden müde.**
I'm getting tired. She's not getting tired. Don't (formal) *get tired. Who's getting tired? We're getting tired, too.*

____

____

6. **Er hat Hunger.**
I'm hungry. Are you (3x) *hungry? Who's hungry? They're hungry. They're not hungry. We're hungry.*

____

____

7. **Sie ist sehr groß.**
You're (3x) *very tall. They're not very tall. I'm very tall. Isn't he tall?*

____

E. Nominativ, Akkusativ und Dativ. Variieren Sie die Sätze!

1. **Herr Díaz ist Spanier.**
   Mr. Schmidt is (an) Austrian. No, he's from Switzerland. Is Ms. Bayer an Austrian? She's not an Austrian either. (She's also not an Austrian.) They say Ms. Klein is an American. Joe is an American, too.

2. **Hier gibt es einen Supermarkt.**
   There's a river here (a restaurant, no cafeteria, no lake). There are mountains here (bakeries, lakes, no stores, no cafés).

3. **Das Geschäft gehört den Großeltern.**
   Who does the store belong to? (To whom does the store belong?) What belongs to the grandfather? She says it doesn't belong to the brother. It doesn't belong to the aunt.

4. **Der Herr bringt der Freundin Blumen.**
   What is he bringing to the girlfriend? Who's he bringing flowers to? (To whom is he bringing flowers?) Who's bringing flowers? Why is he bringing flowers? Isn't he bringing flowers to the girlfriend? They're bringing the children some cookies. Is she bringing the friends a bottle of wine? He's bringing the neighbors apples. I'm bringing the sisters some books.

G. Sprechsituationen: Wann sagt man das? *(Describe situations in which these expressions are appropriate responses.)*

z. B. Ich gratuliere Ihnen!
Meine Musiklehrerin hat Geburtstag.

1. Gute Besserung! ______________________
2. Das ist nett von dir! ______________________
3. Das ist ja unglaublich! ______________________
4. Vielen Dank! ______________________
5. Herzlichen Glückwunsch! ______________________
6. Schönes Wochenende! ______________________
7. Bis später! ______________________
8. Viel Glück! ______________________
9. Was für eine Überraschung! ______________________
10. Bitte, bitte! Nichts zu danken! ______________________

H. Aufsatz *(Write six sentences about what you did on the weekend.)*

Was ich am Wochenende gemacht habe

z. B. Am Wochenende bin ich einkaufen gegangen . . .

2. am Opernplatz
   —Bitte, wo ist das Rathaus?
   —Da drüben ist die Universität. Gegenüber von der Universität ist die Schuberstraße. Gehen Sie die Schubertstraße entlang, dann (links, rechts) in die Maxstraße und immer geradeaus bis zum Domplatz. Gehen Sie dort nicht (links, rechts), sondern (links, rechts)! Dann kommen Sie direkt zum Rathaus.

3. am Rathaus
   —Verzeihung! Können Sie mir sagen, wie ich von hier zum Museum komme?
   —Gehen Sie da drüben zum Domplatz und dann (links, rechts) neben dem Café in die Kennedystraße und immer geradeaus bis zur Gutenbergstraße! Bei der Gutenbergstraße gehen Sie (links, rechts) und dann sehen Sie (links, rechts) schon das Museum.

4. beim Museum
   —Ach, entschuldigen Sie! Wie weit ist es von hier zur Peterskirche?
   —Nicht weit. Die Peterskirche ist in der Nähe vom Theater. Gehen Sie die Gutenbergstraße entlang bis zur Schillerstraße, bei der Schillerstraße (links, rechts) und dann (links, rechts) in den Petersweg. Dann stehen Sie vor der Peterskirche.

5. bei der Peterskirche
   —Können Sie mir bitte sagen, wie man von hier zum Schloss kommt?
   —Gehen Sie die Schillerstraße entlang bis zur Universität. Dann gehen Sie etwas (links, rechts) weiter zum Opernplatz und die Schlossstraße immer geradeaus. Da kommen Sie direkt zum Schloss. Wenn das zu weit ist, können Sie auch mit dem Bus oder der U-Bahn fahren.

F. Aufsatz *(Write a short note to a friend or your parents from Vienna. Use the questions as guidelines.)*

Gruß aus Wien

Wo sind Sie? Wie geht es Ihnen? Wie gefällt es Ihnen? Was kann man in Wien alles sehen? Von wo kann man die Stadt sehen? Wo gibt es viele Touristen? Warum? Was wollen Sie morgen tun? Wie kommen Sie dahin *(there)?*

G. Was ist was auf dieser Karte von Österreich? *(Identify the various numbers and letters.)*

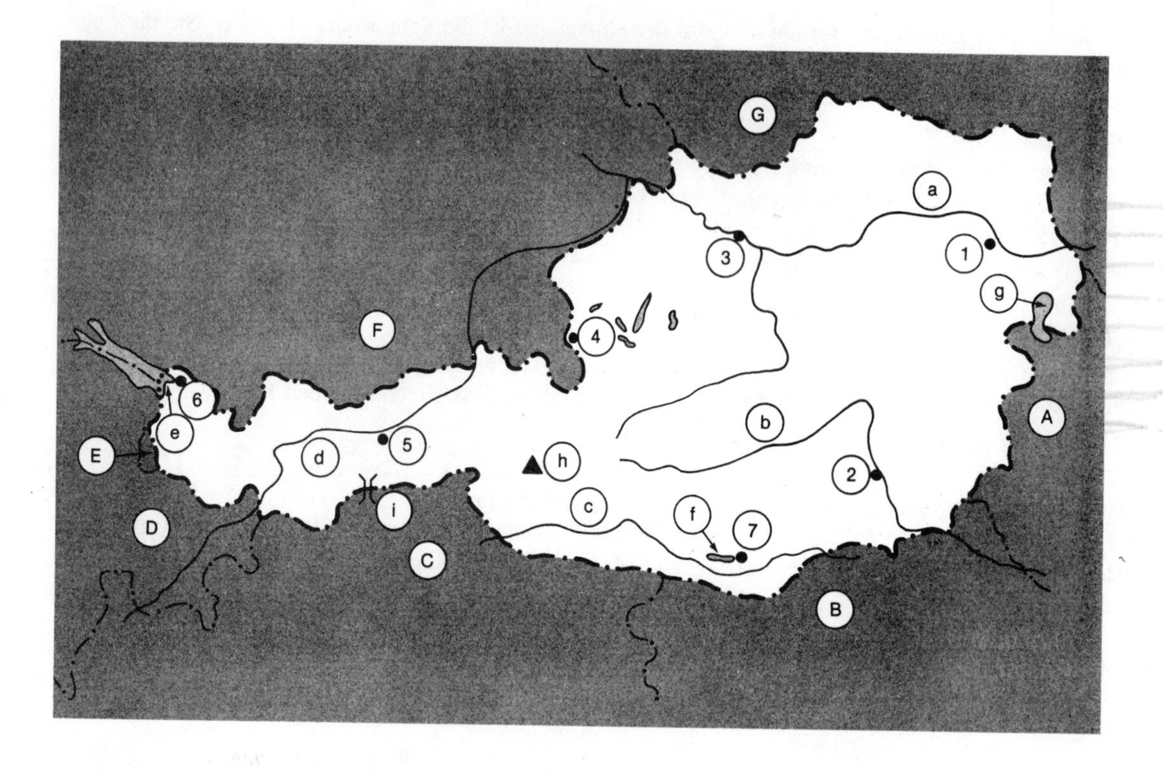

The capital letters on the map above represent different countries; small letters represent rivers, lakes, mountains, or mountain passes; numbers stand for cities. Create a key to the map by filling in the names in the spaces provided below. You may wish to check the map in the main text.

A.	Ungarn	a.	die Donau	1.	Wien
B.	Slowenien	b.	die Mur	2.	Graz
C.	Italien	c.	der Tauern Tunnel	3.	Linz
D.	Schweiz	d.	der Inn	4.	Salzburg
E.	Liechtenstein	e.	der Bodensee	5.	Innsbruck
F.	Deutschland	f.	der Worther See	6.	Bregenz
G.	Tschechien	g.	der Neusiedler See	7.	Klagenfurt
		h.	der Grossglockner		
		i.	der Brenner Pass		

Amy would like to read right now

NAME ______________________ DATUM ____________ KURS ____________

F. Bitte füllen Sie den Fremdenschein aus! *(Fill out the hotel registration form.)*

Fremdenschein	Ankunft am		
Zimmer Nr.	Name des Gastes name - nom	Vorname chr. name - prénom	
Geburtsdatum date of birth date de naissance	Geburtsort place of birth lieu de naissance	Land/Staat für Geburtsorte im Ausland Staat - State - pays	Staatsangehörigkeit nationality nationalité
Wohnort residence domicile	Straße, Nr. No., street No. rue	Land/Staat für Wohnorte in der Bundesrepublik Staat - State - pays	
Begleitet von accompanied by accompagné de Ehefrau - wife - épouse Vorname - chr. name - prénom	Kindern - children enfants Zahl - number nombre	Reisegesellschaft: Zahl der Teilnehmer Tourist-group-number Voyage collectiv-nombre	Unterschrift des Gastes Signature

G. Sprechsituation: Was tun?

You're traveling during summer vacation and have run into a problem with accommodations. React to the information given with different expressions of disbelief.

Quatsch!
Du spinnst wohl!
Ach du liebes bisschen!
Das gibt's doch nicht!
Das kann doch nicht wahr sein!
Mach keine Witze!
Das ist ja Wahnsinn!

BEATE Du, die Jugendherberge ist diese Woche geschlossen.

SIE ______________________________

BEATE Ich habe überall gefragt, aber es gibt kein Hotelzimmer und kein Gästezimmer mehr.

SIE ______________________________

BEATE Vielleicht müssen wir im Park schlafen.

SIE ______________________________

BEATE Sollen wir einfach wieder nach Hause fahren?

SIE ______________________________

BEATE Oder wir fahren in der Nacht mit dem Zug irgendwohin und sind am Morgen wieder hier.

SIE ______________________________

BEATE Nein, nein, nein! Zu allem sagst du nein. Vielleicht können wir bei der Polizei schlafen.

SIE ______________________________

BEATE Du, ich glaube ich habe mein Portemonnaie in der Telefonzelle gelassen *(left)*.

SIE ______________________________

H. Aufsatz *(Write a paragraph of seven to nine sentences about a pleasant / unpleasant stay in some hotel or motel.)*

Was für ein Hotel!

NAME ______________________ DATUM __________ KURS __________

KAPITEL

RÜCKBLICK 4–7

I. Wortschatzwiederholung

A. Geben Sie das Gegenteil!

1. der Ausgang __________
2. der Tag __________
3. antworten __________
4. fahren __________
5. Glück haben __________
6. mieten __________
7. zumachen __________
8. alt __________
9. bequem __________
10. furchtbar __________
11. geöffnet __________
12. hell __________
13. hier __________
14. immer __________
15. leicht __________
16. links __________
17. ruhig __________
18. sauber __________
19. unten __________
20. weit __________

B. Was ist der Artikel und der Plural?

1. ___ Ausweis ______________
2. ___ Bank ______________
3. ___ Bibliothek ______________
4. ___ Fest ______________
5. ___ Garten ______________
6. ___ Gast ______________
7. ___ Gasthof ______________
8. ___ Haus ______________
9. ___ Lied ______________
10. ___ Koffer ______________
11. ___ Nacht ______________
12. ___ Radio ______________
13. ___ Reise ______________
14. ___ Sessel ______________
15. ___ Tasche ______________
16. ___ Weg ______________

C. Was passt?

___ 1. Können Sie mir sagen, wo das Hotel ist?
___ 2. Wie komme ich dorthin *(to it)?*
___ 3. Wie lange dauert das?
___ 4. Wo kann ich das Gepäck lassen?
___ 5. Einen Moment! Das gehört mir!
___ 6. Wann machen Sie zu?
___ 7. Wo ist das Zimmer?
___ 8. Haben Sie kein Zimmer mit Bad?
___ 9. Das Zimmer ist zu klein.
___ 10. Nehmen Sie Reiseschecks an?

a. An der Rezeption.
b. Da drüben.
c. Das macht nichts.
d. Das stimmt nicht.
e. Doch!
f. Ein paar Minuten.
g. Entschuldigen Sie!
h. Fahren Sie immer geradeaus!
j. In ein paar Minuten.
k. Ja, gern.
l. Ja, natürlich.
m. Leider nicht.
n. Mit dem Bus
o. Neben dem Rathaus..
p. Ich weiß nicht.
q. Schade.
r. Sind Sie sicher?
s. Um 23.00 Uhr.
t. Wirklich?
u. Zu Fuß!

II. Strukturwiederholung

D. **Wissen** oder **kennen?**

1. Ich möchte ______________, für wen das Geschenk ist.
2. ______________ du einen Herrn Mayerhofer?
3. ______________ ihr eure Nachbarn nicht?
4. Nein, ich ______________ sie nicht, aber ich ______________, dass sie aus Österreich sind.
5. ______________ du, wann sie zurückkommen sollen?

E. Geben Sie alle Imperative!

1. Tun wir die Milch in den Kühlschrank!

   ____

2. Stellen wir die Teller auf den Tisch!

   ____

3. Gehen wir ins Wohnzimmer!

   ____

4. Sprechen wir ein bisschen!

   ____

5. Lassen wir alles liegen und stehen!

   ____

6. Nehmen wir ein paar Gläser mit!

   ____

7. Essen wir ein paar Kartoffelchips!

   ____

8. Bleiben wir noch ein bisschen!

   ____

9. Fahren wir später!

F. Sagen Sie es im Perfekt!

1. Wohin geht ihr?—Wir fahren zum Museum.

2. Was machst du heute?—Ich packe meinen Koffer.

3. Wie feiert ihr seinen Geburtstag?—Wir überraschen ihn mit einer Party.

4. Wie gefällt Ihnen die Landshuter Fürstenhochzeit?—Sie macht mir viel Spaß.

5. Vermieten Sie die Wohnung?—Ja, eine Studentin nimmt sie.

6. Weißt du, wo der Scheck ist?—Ja, er liegt auf dem Schreibtisch.

7. Wie lange dauert die Party?—Sie ist um 12.00 Uhr vorbei.

8. Wo sind Paula und Robert?—Sie kaufen ein.

G. Verben und Personalpronomen. Variieren Sie die Sätze!

1. **Ihr dürft das Geschenk aufmachen.**
May we open the present? We want to open it. I can't open it. He has to open it. Why am I not supposed to open it? Wouldn't you (3 x) *like to open it?*

2. **Wir kommen morgen an.**
I arrived yesterday. She's arriving today. When are they arriving? When did he arrive? Is he arriving, too? I know that they're not arriving tomorrow. They're supposed to arrive the day after tomorrow. Has she arrived yet **(schon)?**

______

______

3. **Ich frage sie.**
He's asking you (formal). *She's asking him. Are they asking us? Yes, they are asking you* (sg. fam.). *We're asking you* (pl. fam.). *Don't* (pl. fam.) *ask them! Did you* (sg. fam.) *ask them? Weren't they asking you* (sg. fam.)? *Have you* (pl. fam.) *asked me?*

______

______

______

______

4. **Mir gefällt dieses Museum.**
He likes our museum. Do you (formal) *like this museum? They don't like their museum. Which museum do you* (sg. fam.) *like? I like such a museum. Why don't you* (pl. fam.) *like any museum? I never liked such museums. He likes every museum.*

______

______

______

______

5. **Es tut mir Leid.**
She's sorry. He isn't sorry. Are you (3 x) *sorry? I was sorry. They were sorry.*

______

H. Präpositionen. Bilden Sie Sätze wie in den Beispielen!

1. z. B. Wo ist der Koffer? **An der Tür**
Wohin soll ich den Koffer stellen? **An die Tür!**

vor / Haus ______ ______

in / Gästezimmer ______ ______

neben / Sofa ______ ______

hinter / Sessel ________________ ________________

unter / Tisch ________________ ________________

zwischen / Stuhl / und / Bett ________________ ________________

2. z. B. Wohin soll ich das Messer legen? **Auf den Tisch!**
   Wo liegt das Messer? **Auf dem Tisch!**

   neben / Gabel ________________ ________________

   auf / Teller ________________ ________________

   in / Küche ________________ ________________

   in / Esszimmer ________________ ________________

   zwischen / Butter / und / Käse ________________ ________________

I. Konjunktionen. Verbinden Sie die Sätze! *(Note that both coordinating and subordinating conjunctions are used.)*

1. Ich lerne Deutsch. Meine Großeltern sind aus Deutschland. *(because)*

   ____

2. Sie möchte wissen. Bist du schon einmal in Deutschland gewesen? *(whether)*

   ____

3. Ich sage (es) ihr. Ich bin im Sommer dort gewesen. *(that)*

   ____

4. Ich möchte gern wieder einmal nach Deutschland. So eine Reise ist nicht billig. *(but)*

   ____

5. Braucht man Hotelreservierungen? Man fährt nach Deutschland. *(when)*

   ____

6. *(although)* Man braucht keine Reservierung. Es hat manchmal lange gedauert, bis ich ein Zimmer gefunden habe.

   ____

7. Einmal habe ich bei einer Kusine übernachtet. Eine Nacht habe ich im Zug *(train)* geschlafen. *(and)*

____

8. Man muss alles gut planen. Man möchte nach Deutschland fahren. *(if)*

____

J. **Sondern** oder **aber?**

1. Momentan habe ich kein Kleingeld, ______________ später gehe ich zur Bank.
2. Die Bank ist um diese Zeit geschlossen, ______________ sie macht in einer Stunde auf.
3. Wir möchten nicht in die Stadt gehen, ______________ hier bleiben.
4. In der Stadt kann man viel sehen, ______________ wir haben schon alles gesehen.
5. Das bedeutet nicht, dass die Stadt mir nicht gefällt, ______________ es bedeutet nur, dass ich müde bin.

K. Was fehlt?

1. ______________ *(on the)* Wochenende fahren Silvia und Jim ______________ *(by)* Auto ______________ *(to the)* Land. Dort wollen sie ein Picknick machen. 2. Sie halten ______________ *(in a)* Städtchen und gehen dann zu Fuß ______________ *(on a)* Feldweg ______________ *(into the)* Wald. 3. Sie bummeln gemütlich ______________ *(through the)* Wald und kommen ______________ *(to a)* See. 4. Jim stellt das Essen ______________ *(under a)* Baum, weil er und Silvia ______________ *(in the)* See baden wollen. 5. Aber was sehen sie, als *(when)* sie wieder ______________ *(out of the)* Wasser kommen? Ameisen *(ants),* viele Ameisen! 6. Sie sind überall: ______________ *(between the)* Brötchen *(pl.),* ______________ *(under the)* Käse, ______________ *(on the)* Butter, ______________ *(behind the)* Kuchen und ______________ *(in the)* Limonade. 7. Nicht nur das! Jetzt krabbeln *(crawl)* sie auch noch ______________ *(into the)* Kleidung: ______________ *(onto the)* Bluse, ______________ *(between the)* Hosenbeine *(pl.)* und ______________ *(under the)* Rock! Einfach furchtbar! 8. Da läuft Silvia ______________ *(with the)* Kleidung

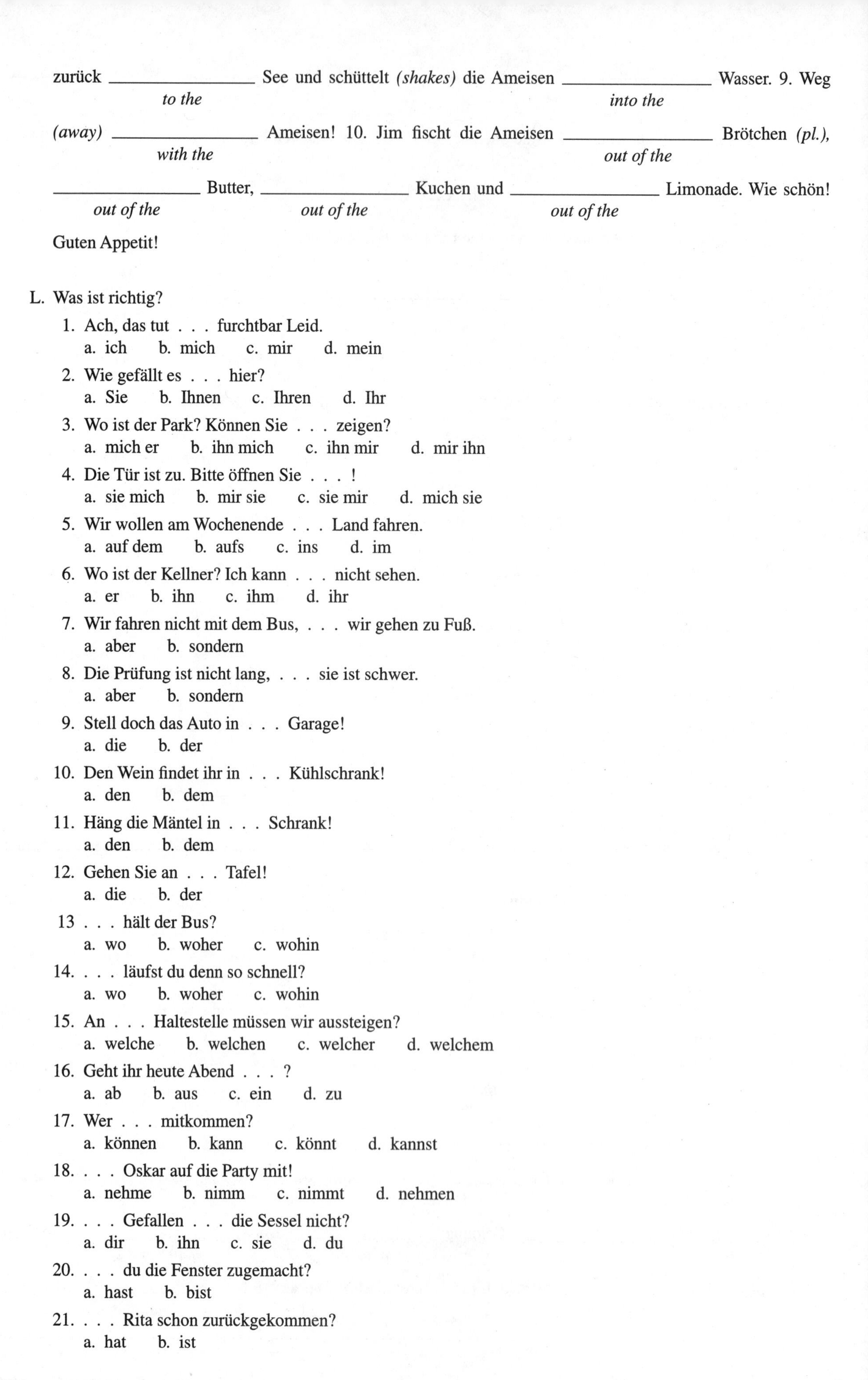

zurück ________________ See und schüttelt *(shakes)* die Ameisen ________________ Wasser. 9. Weg
to the | *into the*

(away) ________________ Ameisen! 10. Jim fischt die Ameisen ________________ Brötchen *(pl.)*,
with the | *out of the*

________________ Butter, ________________ Kuchen und ________________ Limonade. Wie schön!
out of the | *out of the* | *out of the*

Guten Appetit!

L. Was ist richtig?

1. Ach, das tut . . . furchtbar Leid.
   a. ich b. mich c. mir d. mein
2. Wie gefällt es . . . hier?
   a. Sie b. Ihnen c. Ihren d. Ihr
3. Wo ist der Park? Können Sie . . . zeigen?
   a. mich er b. ihn mich c. ihn mir d. mir ihn
4. Die Tür ist zu. Bitte öffnen Sie . . . !
   a. sie mich b. mir sie c. sie mir d. mich sie
5. Wir wollen am Wochenende . . . Land fahren.
   a. auf dem b. aufs c. ins d. im
6. Wo ist der Kellner? Ich kann . . . nicht sehen.
   a. er b. ihn c. ihm d. ihr
7. Wir fahren nicht mit dem Bus, . . . wir gehen zu Fuß.
   a. aber b. sondern
8. Die Prüfung ist nicht lang, . . . sie ist schwer.
   a. aber b. sondern
9. Stell doch das Auto in . . . Garage!
   a. die b. der
10. Den Wein findet ihr in . . . Kühlschrank!
    a. den b. dem
11. Häng die Mäntel in . . . Schrank!
    a. den b. dem
12. Gehen Sie an . . . Tafel!
    a. die b. der
13. . . . hält der Bus?
    a. wo b. woher c. wohin
14. . . . läufst du denn so schnell?
    a. wo b. woher c. wohin
15. An . . . Haltestelle müssen wir aussteigen?
    a. welche b. welchen c. welcher d. welchem
16. Geht ihr heute Abend . . . ?
    a. ab b. aus c. ein d. zu
17. Wer . . . mitkommen?
    a. können b. kann c. könnt d. kannst
18. . . . Oskar auf die Party mit!
    a. nehme b. nimm c. nimmt d. nehmen
19. . . . Gefallen . . . die Sessel nicht?
    a. dir b. ihn c. sie d. du
20. . . . du die Fenster zugemacht?
    a. hast b. bist
21. . . . Rita schon zurückgekommen?
    a. hat b. ist

22. Wer . . . , wo Erika ist?
    a. wisse b. wisst c. weißt d. weiß
23. Gerda sitzt zwischen . . . Vater und . . . Mutter.
    a. ihren / ihre b. ihrem / ihrer c. ihr / ihre d. ihrem / ihren
24. Wer kann . . . helfen?
    a. mich b. mir c. mein d. ich
25. . . . soll ich helfen?
    a. wer b. wen c. was d. wem

M. Auf Deutsch bitte! *(Unless you are instructed otherwise, use plural familiar forms in this exercise.)*

1. *How do you like your rooms?*

   ____

2. *I like my room.*

   ____

3. *One can see not only the city, but also the lake.*

   ____

4. *Do you know that my room has even a TV?*

   ____

5. *Which room do you* (sg. fam.) *have?*

   ____

6. *Look* (sg. fam.) *over there, the room next to the entrance.*

   ____

7. *What are we doing now?*

   ____

8. *Nothing. I have to talk with your father.*

   ____

9. *And you must go to* (ins) *bed, because we'll have to get up early* (früh) *tomorrow.*

   ____

10. *We only sit in the car and aren't allowed to do anything.*

    ____

11. *Where do you want to go?*

12. *I know a hotel near the lake where one can dance.*

13. *When are you coming back?*

14. *When are we supposed to come back?*

15. *Where are the car keys?*

16. *Give* (sg. fam.) *them to me.*

17. *Did you* (sg. fam.) *see my keys?*

18. *Who had them last* (**zuletzt**)?

19. *I didn't take them.*

20. *Where were you* (sg. fam) *last?—I don't know.*

NAME ______________________ DATUM ____________ KURS ____________

The capital letters on the map represent different countries; small letters represent rivers, lakes, mountains, or mountain passes; numbers stand for cities. Create a key to the map by filling in the names in the spaces provided below.

A. ____________	a. ____________	1. ____________
B. ____________	b. ____________	2. ____________
C. ____________	c. ____________	3. ____________
D. ____________	d. ____________	4. ____________
E. ____________	e. ____________	5. ____________
	f. ____________	6. ____________
	g. ____________	7. ____________
	h. ____________	8. ____________
	i. ____________	9. ____________
	j. ____________	10. ____________
		11. ____________
		12. ____________

F. Sprechsituation: Bei Müllers zum Abendessen

The Müllers are sitting around the dining table eating supper. They don't hesitate to express their feelings about what their family members say. Fill in the blanks by choosing appropriate expressions from the list below.

Ach du liebes bisschen!
Ach du meine Güte!
Das freut mich!
Das geschieht dir recht!
Das ist doch egal!
Das macht doch nichts.
Das sieht dir ähnlich!
Das tut mir (furchtbar) Leid!
Gott sei Dank!
Du Glückspilz!
Ich bin froh.
Na und!
Pech gehabt!
Schade!
Schwein gehabt!
So ein Pech!
Super!
Um Gottes willen!

KURT Mensch, ich habe immer noch Hunger!

HELGA ______________________________

SUSI Heute früh ist mir der Bus direkt vor der Nase weggefahren *(drove off right in front of me).*

KURT ______________________________

SUSI Weil ich meine Hausaufgaben nicht mitgehabt habe, muss ich jetzt eine Seite aus dem Buch abschreiben *(copy).*

KURT ______________________________

HELGA Aua, das Messer ist scharf *(sharp)!* Mutti, hast du ein Hansaplast*? Schnell! Aua aua aua!

MUTTER ______________________________

SUSI *Wir haben nur Leukoplast*.*

MUTTER ______________________________

HELGA So, jetzt ist alles wieder gut.

VATER ______________________________

HELGA Habe ich euch gesagt, dass ich einen Flug nach Mallorca gewonnen *(won)* habe?

SUSI ______________________________

HELGA Da muss ich eine Woche unbezahlten Urlaub *(unpaid vacation)* nehmen.

SUSI ______________________________

VATER Onkel Otto ist im Krankenhaus *(hospital).*

MUTTER ______________________________

VATER Am Wochenende darf er wieder nach Hause.

MUTTER ______________. Kinder, heute gibt es keinen Nachtisch.

HELGA ______________________________

KURT ______________________________

---

* Hansaplast and Leukoplast *are brands of band-aids.*

G. Im Schlafwagen *(Briefly describe the picture below in German.)*

____

____

____

____

____

____

____

H. Aufsatz *(Write a dialogue to illustrate the following situation.)*

Auf dem Bahnhof

Fragen Sie den Mann am Fahrkartenschalter, wann der nächste Zug nach Zürich fährt, wann er dort ankommt, ob Sie in Basel umsteigen müssen, wie viel Zeit Sie in Basel haben und wie viel die Fahrt kostet! Sie nehmen eine Hin- und Rückfahrkarte. Fragen Sie den Mann auch, auf welchem Gleis der Zug abfährt und wo eine Imbissbude ist!

NAME ______________________ DATUM __________ KURS __________

A. Erweitern Sie Ihren Wortschatz!

Most German infinitives can be used as nouns. They fulfill the same function as the English gerund.

z. B. Das Tanzen macht uns Spaß.
dancing

1. Das __________ ist ein schöner Sport.
   skiing
2. Auch heute verbringen *(spend)* viele Hausfrauen ihre Tage mit __________, __________, __________, und __________.
   shopping / *cleaning* / *washing* / *cooking*
3. Viele Leute halten sich mit __________ oder __________ fit.
   running / *swimming*
4. Meiner Mutter macht das __________ Spaß, meinem Vater das __________, meiner Schwester das __________ und meinem kleinen Bruder das __________.
   reading / *taking pictures* / *playing the piano* / *watching TV*

B. Bilden Sie ganze Sätze!

1. ich / sich anhören / gern / schön / CDs

   ____

2. du / sich interessieren /*[prep.]* / klassisch / Musik?

   ____

3. er / sprechen / immer / *[prep.]* / groß / Reisen

____

4. er / sammeln / deutsch / und / amerikanisch / Briefmarken

____

5. was / man / können / machen / mit / alt / Briefmarken?

____

6. Hobbys / viel / Leute / sein / interessant

____

C. Was gibt's Interessantes? Sehen Sie sich das Rundfunkprogramm und das Programm der Neuen Nationalgalerie Berlin an! Ergänzen Sie *(complete)* dann die Sätze!

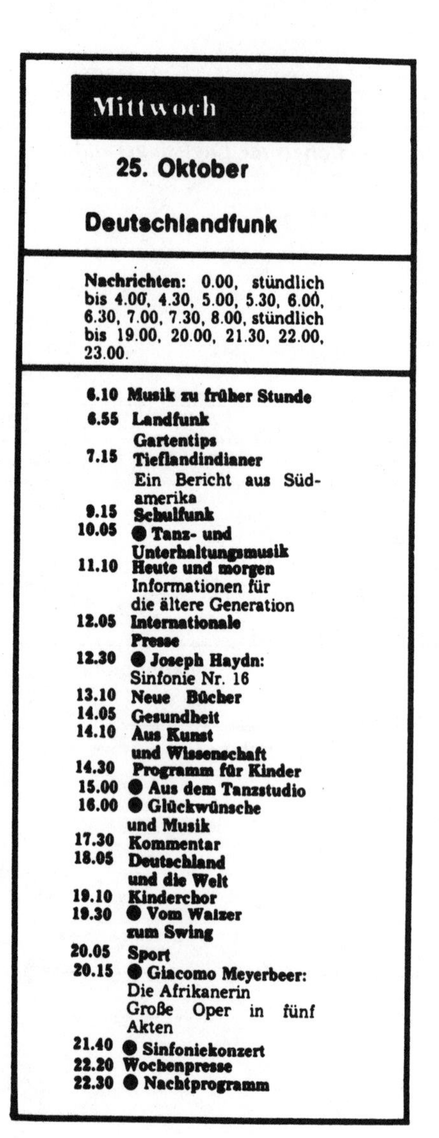

Mittwoch

25. Oktober

Deutschlandfunk

Nachrichten: 0.00, stündlich bis 4.00, 4.30, 5.00, 5.30, 6.00, 6.30, 7.00, 7.30, 8.00, stündlich bis 19.00, 20.00, 21.30, 22.00, 23.00.

6.10	**Musik zu früher Stunde**
6.55	**Landfunk** Gartentips
7.15	**Tieflandindianer** Ein Bericht aus Südamerika
9.15	**Schulfunk**
10.05	**● Tanz- und Unterhaltungsmusik**
11.10	**Heute und morgen** Informationen für die ältere Generation
12.05	**Internationale Presse**
12.30	**● Joseph Haydn:** Sinfonie Nr. 16
13.10	**Neue Bücher**
14.05	**Gesundheit**
14.10	**Aus Kunst und Wissenschaft**
14.30	**Programm für Kinder**
15.00	**● Aus dem Tanzstudio**
16.00	**● Glückwünsche und Musik**
17.30	**Kommentar**
18.05	**Deutschland und die Welt**
19.10	**Kinderchor**
19.30	**● Vom Walzer zum Swing**
20.05	**Sport**
20.15	**● Giacomo Meyerbeer:** Die Afrikanerin Große Oper in fünf Akten
21.40	**● Sinfoniekonzert**
22.20	**Wochenpresse**
22.30	**● Nachtprogramm**

Im Rundfunk gibt es morgens um fünf ______________ (1). Um Viertel nach sieben bringen sie einen Bericht *(report)* aus ______________ (2). Um fünf nach zehn ist ______________ (3). Sie ist in Stereo. Zwei Stunden später gibt es die ______________ (4) Presse. Um zehn nach eins sprechen sie über ______________ (5) und danach über die ______________ (6). Um halb ______________ (7) hört man Musik, vom Walzer bis zum Swing. Um fünf nach acht sind Nachrichten über ______________ (8), und eine Viertelstunde später bringen sie eine ______________ (9) von Meyerbeer. Dieses Rundfunkprogramm ist für ______________ (10), den 25. Oktober.

In der Neuen Nationalgalerie in ______________ (11) hat man 1998 ______________ (12) des ______________ (13) Lyonel Feininger sehen können. Um sie ______________ (14) sehen, hat man ______________ (15) DM bezahlen müssen. Feininger hat am Ende seines Lebens in Manhattan gelebt.

D. Auf Deutsch bitte!

1. *Did I tell you* (pl. fam.) *about tonight?*

____

2. *Christiane and I are going to the theater.*

____

3. *I'm looking forward to it. I love exciting detective stories.*

____

4. *I bought expensive tickets. We have excellent seats.*

____

5. *Are you* (sg. fam.) *interested in the theater? What do you think of it?*

____

6. *Please tell* (sg. fam.) *me about the play tomorrow.*

____

E. Zwei ganz andere Hobbys *(Look at the photos on p. 257 in your main text. Then complete the following statements about them.)*

1. Auf diesen zwei____ Bildern sehen wir jung____ Leute mit besonder____ Hobbys. 2. Der jung____ Mann links surft irgendwo auf einem groß____ See. 3. Der Wind ist gut____ und sein bunt____ Segel *(sail, n.)* lässt ihn schnell über das ruhig____ Wasser gleiten *(glide)*. 4. Für diesen modern____ Sport braucht man gut____ Muskeln *(muscles)* und man muss gut schwimmen können. 5. Surfen ist ein populär____ Sport bei jung____ Leuten. 6. Bei schön____ Wetter sieht man im Sommer viele bunt____ Segel auf Deutschlands groß____ und klein____ Seen.

7. Rechts sehen wir drei____ Bergsteiger mit bunt____ Kleidung an einer steil____ *(steep)* Wand. 8. Bergsteigen ist ein alt____ Sport für Leute mit gut____ Nerven. 9. Nur fragt man sich manchmal, was sie an so einem gefährlich____ *(dangerous)* Sport so toll finden.

F. Sprechsituationen: Was sagen Sie? *(For each of the statements or questions below, circle the letter preceding the most appropriate response.)*

1. Wie gefällt dir das Buch?
   a. Es ist fantastisch.
   b. Es schmeckt gut.
   c. Es passt mir nicht.
2. Na, wie findest du mein Auto?
   a. Das hängt mir zum Hals heraus.
   b. Es ist spannend.
   c. Nicht schlecht.
3. Volker ist immer noch nicht da. Er kommt doch immer zu spät.
   a. Das finde ich langweilig.
   b. Das ärgert mich wirklich.
   c. Ja, toll!
4. Tina und Egon haben Probleme mit ihrer Stereoanlage. Sie haben sie schon so oft zum Service gebracht! Die Leute sagen, alles ist repariert. Aber wenn Tina und Egon dann zu Hause sind, stimmt wieder etwas nicht *(something is wrong again)*. Jetzt geht der Kassettenspieler nicht.
   a. Na, prima!
   b. Das gefällt mir wirklich.
   c. Jetzt habe ich aber genug.
5. Ihr Computer geht wieder einmal nicht.
   a. Das ist genau das Richtige!
   b. Ich habe die Nase voll.
   c. So eine Frechheit!

NAME ______________________ DATUM __________ KURS __________

G. An der Theaterkasse *(Complete the dialogue below by filling in the missing lines.)*

DAME Guten Abend!

HERR ______________________

DAME Am Donnerstag und Freitag *Wilhelm Tell,* am Samstag *Maria Stuart.*

HERR ______________________

DAME Es tut mir Leid. Für Freitag ist alles ausverkauft (*sold out*).

HERR ______________________

DAME Ja, wir haben noch Plätze im Parkett und im Rang.

HERR ______________________

DAME 72,—Mark, bitte!

HERR ______________________

DAME Um 20 Uhr.

HERR ______________________

DAME Ungefähr um 22.30 Uhr.

HERR ______________________

NAME ________________________ DATUM ____________ KURS ____________

KAPITEL 11

A. Erweitern Sie Ihren Wortschatz!

Many adjectives are derived from other adjectives or from verbs or nouns. Certain suffixes characterize them as adjectives. A substantial number of adjectives you know end in **-ig, -lich, -isch,** *or* **-bar.**

1. Was ist das Adjektiv dazu?

   z. B. der Schmutz *(dirt)* **schmutzig**

   a. die Ruhe ____________
   b. die Lust ____________
   c. der Tag ____________
   d. der Freund ____________
   e. der Sport ____________
   f. das Glück ____________
   g. die Musik ____________
   h. die Fantasie ____________
   i. das Wunder ____________
   j. die Furcht *(fear, awe)* ____________

2. Verstehen Sie diese Adjektive? Welches Wort ist darin? Was bedeutet das auf Englisch? *(You are familiar with the words from which these adjectives are derived. Give their English equivalent.)*

   audible, by letter, by telephone, concerning business, edible, festive, grateful, hourly, hungry, icy, legible, motherly, playful, questionable, salty, sleepy, typical, washable

   z. B. geldlich ***monetary***

   a. essbar ____________
   b. lesbar ____________
   c. waschbar ____________
   d. dankbar ____________

e. hörbar ______________ l. hungrig ______________

f. stündlich ______________ m. salzig ______________

g. feierlich ______________ n. eisig ______________

h. fraglich ______________ o. schläfrig ______________

i. brieflich ______________ p. typisch ______________

j. geschäftlich ______________ q. telefonisch ______________

k. mütterlich ______________ r. spielerisch ______________

B. Der Froschkönig *(Complete the fairy tale with the correct verb forms. Use the simple past, unless other instructions are given.)*

1. leben
2. haben
3. sein
4. wundern
5. gehen
6. setzen
7. spielen
8. fallen
9. rollen
10. anfangen
11. kommen
12. fragen
13. jammern
14. erzählen
15. verlieren
16. versprechen
17. wollen
18. sagen
19. schwimmen
20. bringen
21. freuen
22. laufen
23. vergessen

In alten Zeiten ______________ (1) ein König, der ______________ (2) drei schöne Töchter, aber die dritte Tochter ______________ (3) so schön, dass die Sonne sich ______________ (4). Im heißen Sommer ______________ (5) sie gern in den Wald, ______________ (6) sich an einen kühlen Brunnen *(well)* und ______________ (7) mit einer goldenen Kugel *(ball)*. Eines Tages ______________ (8) ihr die Kugel aus der Hand und ______________ (9) in den Brunnen. Da ______________ (10) sie ______________ (10) zu weinen. Plötzlich ______________ (11) ein hässlicher Frosch *(frog)* mit einem dicken Kopf aus dem Wasser und ______________ (12) die Prinzessin, warum sie so laut ______________ (13) *(carried on)*. Sie ______________ (14) dem Frosch, dass sie ihre goldene Kugel im Brunnen ______________ (15) *(had lost)*. Der Frosch ______________ (16) ihr, die Kugel zurückzubringen. Aber dafür ______________ (17) er ihr Freund sein, mit ihr spielen, von ihrem Teller essen und in ihrem Bett schlafen. Als sie ja ______________ (18), ______________ (19) der Frosch weg und ______________ (20) ihr die Kugel wieder. Die Königstochter ______________ (21) sich sehr, ______________ (22) nach Hause und ______________ (23) den Frosch.

NAME ______________________ DATUM ____________ KURS ____________

Aber am nächsten Tag, als die Prinzessin und ihre Eltern und Geschwister beim Essen

24. sitzen
25. klopfen

______ (24), ______ (25) *(knocked)* jemand an die Tür. Als sie die Tür

26. öffnen
27. sehen

______ (26), ______ (27) sie den Frosch vor der Tür sitzen. Die Prinzessin

28. müssen

______ (28) ihrem Vater sagen, dass der Frosch ihr ______ (29)

29. helfen
30. sprechen

______ (29) *(had helped),* und der König ______ (30): „Was du versprochen

31. lassen
32. essen

hast, musst du halten." Sie ______ (31) den Frosch herein und er ______ (32)

33. trinken

von ihrem Teller und ______ (33) von ihrem Glas. Als die Prinzessin im Bett

34. liegen

______ (34), sagte der Frosch: „Ich bin müde und will in deinem Bett schlafen." Da

35. werden

______ (35) die Königstochter böse *(angry)* und warf *(threw)* den Frosch an die Wand.

36. stehen

Plötzlich ______ (36) vor ihr ein junger Königssohn mit freundlichen Augen und

37. danken
38. erlösen

______ (37) ihr, weil sie ihn ______ (38) ______ (38) *(had released*

39. heiraten
40. reisen

[from a spell]). Ein paar Tage später ______ (39) sie und ______ (40) in das

Land seines Vaters.

C. Auf Deutsch bitte!

1. *When are they getting married?*

____

2. *I don't know when.*

____

3. *I'll ask them when they come.*

____

4. *When they were here on the weekend, they didn't say anything.*

____

5. *I had just brushed my teeth when she came home with a cake.*

____

6. *Had you* (sg. fam.) *waited long for him?*

____

D. Sehen Sie auf die Anzeigen und beantworten Sie die Fragen!

Zum Erkennen: die Probezeit *(trial period);* freiwillig *(voluntarily);* die Trauung *(wedding);* die Hölle *(hell);* verlor *(lost);* der Kampf *(struggle);* zwickt es *(it hurts a little);* steuerpflichtig *(taxable)*

1. Wer ist Jasmin? Was hat sie Petra und Hedi freiwillig gegeben und wozu? Was mussten die beiden erst bestehen *(pass)?* Was erfahren wir dadurch über den Mann und die Frau? Wann war die Hochzeit oder Trauung und wo? Haben Sie schon einmal so eine ähnliche Anzeige gelesen? Was halten Sie davon?

____

____

____

____

____

2. Wer gratuliert Inge und warum? Was für ein Typ ist Inge? Was für Typen sind sicher auch die Freunde? Was hilft im Leben über vieles hinweg *(over)?* Was soll man tun, wenn es mal irgendwo zwickt? Was halten Sie von dieser Anzeige?

____

____

____

____

E. Sprechsituation: Ich muss dir 'was erzählen.

Your friend Ute is telling you about something that happened to her today. Fill in the blanks by choosing from the list below or adding your own comments.

Das war aber nicht nett von euch.	Und dann?
Ihr seid gemein (*mean*).	Und was habt ihr da gemacht?
Das sieht euch ähnlich.	Keine Ahnung!
Ja, natürlich!	War er nett?
Ja, und?	Was denn?
Klar!	Wirklich?

UTE Mensch, du glaubst gar nicht, was Marianne und ich gemacht haben.

SIE ____

UTE Du kennst doch Marianne, nicht wahr?

SIE ____

UTE Wir haben vor zwei Wochen eine Anzeige unter Partnerwünsche in die Zeitung gesetzt.

SIE ____

UTE Und da haben wir ungefähr fünfzehn verschiedene Antworten bekommen.

SIE ____

UTE Wir haben dann an einen Herrn geschrieben.

SIE ____

UTE Wir haben gesagt, wir treffen (*meet*) ihn vor dem Café Kranzler.

SIE ____

UTE Und da hat er dann auch auf uns gewartet—mit einer roten Rose im Knopfloch (*button-hole*).

SIE ______________________________

UTE Er hat uns nicht besonders gefallen.

SIE ______________________________

UTE So sind wir an ihm vorbeigegangen, ohne etwas zu sagen.

SIE ______________________________

UTE Ich weiß.

F. Aufsatz *(Write a brief story of ten to twelve sentences in the simple past.)*

Aus meinem Leben

Erzählen Sie eine lustige oder interessante Geschichte aus Ihrem Leben (z. B. Ihre Schulzeit, eine Reise, Ferien mit Ihrer Familie, usw.)!

NAME ______________________ DATUM ____________ KURS ____________

KAPITEL

RÜCKBLICK 8–11

I. Wortschatzwiederholung

A. Fragen

1. Welches Hauptwort *(noun)* kennen Sie dazu?

a. fahren ____________ f. verkaufen ____________

b. fliegen ____________ g. freundlich ____________

c. malen ____________ h. wöchentlich ____________

d. schenken ____________ i. sportlich ____________

e. sprechen ____________ j. verliebt ____________

2. Was ist ein Synonym dazu?

a. mit dem Auto ____________ d. laufen ____________

b. in 30 Minuten ____________ e. telefonieren ____________

c. beginnen ____________ f. wunderbar ____________

3. Was ist das Gegenteil davon?

a. einsteigen	______________	g fleißig	______________
b. gewinnen	______________	h. gesund	______________
c. weinen	______________	i. hübsch	______________
d. sich anziehen	______________	j. interessant	______________
e. sich ärgern	______________	k. leicht	______________
f. sich hinsetzen	______________	l. lustig	______________

B. Welches Wort passt nicht?

1. wandern—gewinnen—spazieren gehen—laufen
2. hässlich—gemütlich—sympathisch—charmant
3. verheiratet—verschieden—ledig—geschieden
4. der Krimi—das Gemälde—das Theaterstück—der Roman
5. täglich—wöchentlich—monatlich—gewöhnlich

C. Bilden Sie eine Worttreppe mit Adjektiven!

z. B.: nett
temperamentvoll
lustig

II. Strukturwiederholung

D. Reflexivverben. Variieren Sie die Sätze!

1. **Willi hält sich fit.**
Do you (formal) *keep fit? They're not keeping fit. How did she keep fit? Keep fit* (3x). *I'd like to keep fit. We must keep fit. We had to keep fit.*

____

____

2. **Sie erkälten sich wieder.**
We'll get a cold again. Don't catch a cold again (3x). *They've caught a cold again. She doesn't want to get a cold again. We had caught a cold again. Why do you* (sg. fam.) *always get a cold? They always caught a cold.*

____

____

____

NAME ______________________ DATUM __________ KURS __________

E. Am Morgen. Auf Deutsch bitte!

1. *You've* (sg. fam.) *got to get dressed.*

____

2. *First I want to take a shower and wash my hair.*

____

3. *And you* (sg. fam.) *need to shave.*

____

4. *Why don't you* (pl. fam.) *hurry up?*

____

5. *Listen* (pl. fam.) *to that.*

____

6. *He got annoyed and sat down.*

____

F. Verben mit Präpositionen. Bilden Sie Sätze!

z. B.: schreiben **Ich muss an meine Eltern schreiben.**

1. denken: ______________________________
2. sich freuen: ______________________________
3. sich informieren: ______________________________
4. sich interessieren: ______________________________
5. reagieren: ______________________________
6. sprechen: ______________________________
7. träumen: ______________________________
8. warten: ______________________________

G. Infinitiv mit **zu.** Bilden Sie Sätze!

1. Es ist zu spät, _______________ *to buy a present).*

2. Es ist zu spät, _______________ *(to write him).*

3. Es ist zu spät, _______________ *(to start a book).*

4. Es ist zu spät, _______________ *(to invite all).*

5. Es ist nicht leicht, _______________ *(to get up early).*

6. Es ist nicht leicht, _______________ *(to always pay attention).*

7. Es ist nicht leicht, _______________ *(to keep in shape).*

8. Es ist nicht leicht, _______________ *(to learn a language).*

H. Sagen Sie es im Perfekt!

1. Wohin geht ihr?—Wir besuchen Onkel Erich.

   ____

2. Was machst du heute?—Ich gehe schwimmen.

   ____

3. Wie gefällt Ihnen das Stück?—Es ist wirklich ausgezeichnet.

   ____

4. Warum beeilt sie sich so?—Die Vorstellung fängt um acht an.

   ____

5. Weißt du, dass er ein sehr guter Schwimmer ist?—Nein, er spricht nicht viel von sich.

   ____

   ____

I. Bilden Sie Sätze im Plusquamperfekt *(past perfect)!*

1. wir / nicht / denken / damals / daran

   ____

2. Daniela und Yvonne / gehen / zum Schwimmbad

   ____

3. wir / sich anziehen / warm

____

4. er / versprechen / mir / das / schon zweimal

____

5. Auto / stehen bleiben / plötzlich

____

6. das / sein / nicht so lustig

____

7. aber / das / verdienen / er

____

J. Die Trappfamilie. Was fehlt?

1. Gestern Abend haben sie im zweit____ deutsch____ Fernsehen den bekannt____ Film über die österreichisch____ Familie Trapp gespielt. 2. Erst ist es ein deutsch____ Theaterstück gewesen und dann ist daraus ein amerikanisch____ Film geworden. 3. Eigentlich kannte ich diesen interessant____ Film schon vom amerikanisch____ Kino. 4. Aber ich sehe mir gern amerikanisch____ Stücke in deutsch____ Sprache an. 5. Der ganz____ Film spielt rings um die hübsch____ Stadt Salzburg. 6. Am Anfang war Maria in einem alt____ Kloster *(convent, n.)*, aber sie fühlte sich bei den streng____ *(strict)* Nonnen *(nuns, pl.)* nicht richtig____ wohl. 7. Eines Tages schickte die verständnisvoll____ Oberin *(mother superior)* sie zu der groß____ Familie eines reich____, verwitwet____ Kapitäns. 8. Seine sieben____ klein____ Kinder waren anfangs nicht sehr nett____, aber die temperamentvoll____ Maria hatte viel____ gut____ Ideen, wie sie die sieben Kinder unterhalten konnte. 9. Später heiratete der verwitwet____ Kapitän das jung____ „Fräulein Maria". 10. Kurz nach ihrer fantastisch____ Hochzeit kam das deutsch____ Militär nach Österreich. 11. Weil der österreichisch____ Kapitän nicht zur deutsch____ Marine *(f.)* wollte, verließen *(left)* sie nach kurz____

Zeit ihr schön___, groß___ Haus und flohen *(escaped)* über die hoh___ *(high)* Berge in die neutral___ Schweiz. 12. Heute hat die bekannt___ Trappfamilie ein neu___, groß___ Haus im amerikanisch___ Staat Vermont. 13. Wie in viel___ der sogenannt___ *(so-called)* wahr___ Geschichten, ist im amerikanisch___ Film *The Sound of Music* nicht alles wahr___. 14. Aber es ist ein nett___ Film mit viel___ schön___ Musik.

K. Ein Rendezvous. Sagen Sie es im Imperfekt!

1. Sonja und Stefan gehen am Samstagabend aus. 2. Zuerst versuchen sie, Opernkarten zu bekommen, aber alle Karten sind schon ausverkauft. 3. Dann wollen sie mit einem Taxi zum Theater fahren, aber sie können kein Taxi bekommen. 4. Als sie zum Theater kommen, gibt es auch keine Karten mehr. 5. Aber in der Nähe des Theaters ist ein Kino. 6. Dort läuft ein neuer Film. 7. Der Film gefällt ihnen ausgezeichnet, weil er sehr komisch ist. 8. Das Publikum lacht oft so laut, dass man nichts hören kann. 9. Als sie aus dem Kino kommen, sehen sie plötzlich Jürgen und Barbara. 10. In einem kleinen Restaurant essen sie ein paar Würstchen und trinken dazu ein Glas Bier. 11. Dann bummeln sie gemütlich durch die Stadt nach Hause.

____

____

____

____

____

____

____

L. **Als, wann** oder **wenn?**

1. _______________ das Stück zu Ende war, klatschten die Leute.

2. Weißt du, _______________ die Party anfängt?

3. Könnt ihr mir die Zeitschrift geben, _______________ ihr damit fertig seid?

4. _______________ ich den Roman vor zwei Jahren las, gefiel er mir nicht so gut.

5. Ich muss immer an euch denken, _______________ ich dieses Lied im Radio höre.

6. Er wusste auch nicht, _______________ seine Nachbarn zurückkommen sollten.

NAME ______________________ DATUM ____________ KURS ____________

M. Der Genitiv. Was fehlt?

z. B. der Sender / Brief ____ **der Sender des Briefes**
der Brief / Annette **Annettes Brief**

1. das Ende / das Wort ______________________
2. die Farbe / unser Auto ______________________
3. der Sohn / mein Onkel ______________________
4. der Eingang / euer Haus ______________________
5. der Name / der Komponist ______________________
6. der Wunsch / alle Kinder ______________________
7. die Taschen / manche Frauen ______________________
8. die Musik / Beethoven ______________________
9. das Stück / Bertolt Brecht ______________________
10. die Geschichten / Herr Keuner ______________________

N. **wo-** und **da-**Wörter

1. Kombinieren Sie!

   z. B. mit **womit? damit**

   auf ____________ durch ____________

   in ____________ über ____________

   an ____________ vor ____________

   zu ____________ bei ____________

   für ____________ zwischen ____________

2. Was fehlt?

   a. ____________ denkst du? ____________ Reise. *(of what, of my)*

   b. ____________ spricht Professor Schulz heute? ____________ spannenden Buch. *(about what, about a)*

c. ________________ hast du geträumt? ________________ Ferien. *(about what, about my)*

d. ________________ wartest du? ________________ Brief von Paul. Warte nicht ________________! *(for what, for a, for that)*

e. Trudi erzählt immer gern ________________ Partys. ________________ hat sie gerade erzählt. *(about her, about that)*

f. Hast du schon ________________ Eltern geschrieben? Ja, ich habe am Wochenende ________________ geschrieben. *(to your, to them)*

g. Er hat sich ________________ Brief geärgert, ________________ ärgert er sich nicht? *(about the, about what)*

h. Interessiert Jürgen sich ________________ Sport? Nein, ________________ interessiert er sich nicht. *(in, in that)*

i. Interessiert Jürgen sich ________________ Sabine? Nein, ________________ interessiert er sich nicht. *(in, in her)*

O. Wann und wie lange?

1. Er fährt **morgen.**

the day after tomorrow; after supper; Sundays; tomorrow morning at 4:30; in 15 minutes; Monday morning; on Tuesday; in February; on the weekend; in the evening; in the fall; most of the time; sometimes; each year; now; never; one day

____

____

____

____

2. Er bleibt **zwei Tage.**

from March to May; until Wednesday; until Friday afternoon; until 10:45; for months; (for) one day

____

____

P. Damals *(Expand the sentences by including the phrases in parentheses.)*

z. B. Damals ging Renate zur Musikschule in Dresden. (ein paar Jahre)
Damals ging Renate ein paar Jahre zur Musikschule in Dresden.

1. Ihre Eltern lebten in der Nähe von Riesa. (jahrelang)

____

2. Renate hat in einem Schülerheim in Dresden gewohnt. (mit anderen Mädchen)

____

3. Am Wochenende konnte sie einfach nach Hause fahren. (nicht)

____

4. Sie hatte keine Zeit, mit der Bahn zu fahren. (stundenlang)

____

5. Dafür ist sie während der Ferien zu Hause geblieben. (gewöhnlich)

____

6. Ihre Schule soll leicht gewesen sein. (nicht)

____

7. Sie musste jeden Tag arbeiten. (schwer)

____

8. Manchmal hat sie stundenlang Klavier gespielt. (mit ihrer Freundin)

____

9. Renate hatte sich für klassische Musik interessiert. (schon immer)

____

10. Wir haben uns eines Tages kennen gelernt. (bei einem Musikwettbewerb in Weimar)

____

____

Q. Was fehlt?

1. Vorgestern haben wir fast den ganz____ Abend vor unserem neu____ Fernseher gesessen. 2. Um 18.20 Uhr gab es einen interessant____ Bericht über das alt____ Frankfurt mit seinen viel____ klein____ Gassen *(streets)* und hübsch____ Häusern, so wie es einmal war und was man jetzt damit gemacht hat. 3. Nach den kurz____ Nachrichten um 19.00 Uhr sahen wir eine international____ Show mit gut____ Musikgruppen aus verschieden____ Ländern. 4. Dazu gehörte auch ein toll____ Orchester und ein groß____ Chor. 5. Nach dieser nett____ Unterhaltung haben wir zum dritt____ Programm gewechselt und uns eine komisch____ Oper von dem italienisch____ Komponisten Rossini angesehen. 6. Eine ausgezeichnet____ Vorstellung! 7. Ein gut____ Fernseher ist etwas Schönes, denn man kann sich manche gut____ Sendung gemütlich zu Hause ansehen.

R. Was stimmt?

1. Sie sitzen . . .
   a. vor dem Fernseher faul meistens   b. meistens faul vor dem Fernseher
   c. faul meistens vor dem Fernseher
2. Er fährt . . .
   a. mit dem Zug morgens zur Arbeit   b. zur Arbeit mit dem Zug morgens
   c. morgens mit dem Zug zur Arbeit
3. . . . Buch ist das?
   a. wer   b. was   c. wem   d. wessen
4. Wie gefällt dir das Haus . . . ?
   a. unser Nachbar   b. unserem Nachbarn   c. unserem Nachbarn   d. unserer Nachbarn
5. Gestern Abend sind wir in ein nettes Restaurant . . .
   a. gewesen   b. gegessen   c. gegangen   d. geblieben
6. Heute früh sind wir zu spät . . .
   a. aufgestanden   b. eingeschlafen   c. übernachtet   d. angefangen
7. Wir haben Freunde zu einer Party . . .
   a. geschehen   b. versprochen   c. versucht   d. eingeladen
8. . . . Peter schon nach Hause gekommen?
   a. hat   b. ist
9. Meine Eltern . . . gestern nach München gefahren.
   a. haben   b. sind
10. . . . ihr schon Zimmer reserviert?
    a. habt   b. seid
11. . . . du dir schon die Zähne geputzt?
    a. hast   b. bist
12. Er ist wirklich . . . Mensch.
    a. ein netter   b. einen netten   c. eines netten   d. einem netten
13. Diese Schauspielerin hat . . . Haare.
    a. schönes rotes   b. schöne rote   c. schönen roten   d. schön rot

14. Nehmen Sie die Gabel in . . . Hand!
    a. der linken   b. die linke   c. das linke   d. die linken
15. Eva hat . . . Zimmer.
    a. einen hübschen   b. eine hübsche   c. ein hübsches   d. eines hübschen
16. Wegen . . . Wetters sind wir zu Hause geblieben.
    a. das heiße   b. des heißen   c. dem heißen   d. der heißen
17. Kinder, wascht . . . die Hände!
    a. sich   b. ihre   c. ihr   d. euch
18. Ich möchte . . . ein Fahrrad kaufen.
    a. mir   b. mich
19. Ich muss . . . ein paar Minuten hinlegen.
    a. mir   b. mich
20. Wir haben uns . . . die schlechte Vorstellung geärgert.
    a. von   b. über   c. an   d. auf
21. Die Studenten freuen sich schon sehr . . . ihre Ferien.
    a. von   b. für   c. an   d. auf
22. . . . interessiert er sich?
    a. worauf   b. worüber   c. wofür   d. wovon
23. Wir . . . in Frankfurt um.
    a. steigt   b. stieg   c. steigen   d. gestiegen
24. Das Buch . . . auf der Kommode.
    a. legt   b. legte   c. lag   d. gelegen
25. Ich . . . das Buch letzten Sommer.
    a. lass   b. las   c. ließ   d. lässt
26. Hast du an die Karten . . . ?
    a. gedankt   b. gedacht   c. denken
27. Ich weiß auch nicht, . . . der Bus abfährt.
    a. wenn   b. wann   c. als
28. . . . wir in Österreich waren, sind wir viel Skilaufen gegangen.
    a. wenn   b. wann   c. als
29. Er ist meistens sehr müde, . . . er nach Hause kommt.
    a. wenn   b. wann   c. als
30. Es ist leicht, auf einer Reise viel Geld . . .
    a. ausgeben   b. ausgegeben   c. auszugeben

S. Auf Deutsch bitte!

1. *Kurt, what are you thinking of?—Of my vacation.*

____

2. *I'd like to hike in the mountains with Karl.*

____

3. *I've written to him, and now I'm waiting for his letter.*

____

4. *For that you can wait a long time.*

____

5. *When he says yes, it doesn't mean much.*

____

6. *Two years ago it was the same* **(genauso).** (pres. perf.)

____

7. *When you had bought the tickets, he suddenly got ill.*

____

8. *He had caught a cold again.*

____

9. *If you'd like, I'll come along.*

____

10. *Do you feel like hiking in the mountains?— I'd like to.*

____

11. *When can we go?—On the first day of (the) vacation.*

____

12. *How are we going?—By train.*

____

13. *Where will we spend the nights?—In inexpensive youth hostels.*

____

14. *Can you bring along your father's camera* **(die Kamera)***?*

____

15. *No, his camera is too expensive; it can break* **(kaputt gehen)**.

____

16. *Maybe I'll take Susi's camera. Her camera is good, too.*

____

NAME ______________________ DATUM __________ KURS __________

A. Erweitern Sie Ihren Wortschatz!

Many nouns are derived from adjectives. Feminine nouns are characterized by such suffixes as **-e, -heit,** *and* **-keit.**

Bilden Sie Hauptwörter (nouns)!

1. z. B.: lang (ä) **die Länge**

   a. kurz (ü) ______________ *shortness*

   b. warm (ä) ______________ *warmth*

   c kalt (ä) ______________ *cold*

   d. nah (ä) ______________ *nearness, vicinity*

   e. weit ______________ *width, distance*

   f. groß (ö) ______________ *size*

2. z. B. frei **die Freiheit**

   a. sicher ______________ *safety, certainty*

   b. dumm ______________ *stupidity*

   c. gesund ______________ *health*

   d. krank ______________ *sickness*

   e. schön ______________ *beauty*

   f. faul ______________ *laziness*

3. z. B. wichtig **die Wichtigkeit**

a. gemütlich ______________ *coziness*

b. möglich ______________ *possibility*

c. ehrlich ______________ *honesty*

d. vielseitig ______________ *versatility*

e. traurig ______________ *sadness*

f. zuverlässig ______________ *reliability*

B. Was fehlt?

Lieber Onkel Alfred!

Gerade hat man mich aus Berlin angerufen. Ich kann auch dort eine Stelle als Journalistin haben.

Du weißt ja schon, dass ich in Hamburg eine Möglichkeit habe. Was soll ich tun? Beruflich ist

1. interessant
2. groß
3. wichtig

eine Stadt so ______________ (1) wie die andere. Die Pressestadt Hamburg hat einige der ______________ (2) Zeitungen und Zeitschriften Deutschlands. Hamburg ist der ______________ (3) deutsche Hafen (port). Nach Hamburg kommen Geschäftsleute aus allen Teilen der Welt. Jetzt, wo Berlin wieder Hauptstadt ist, ist das für mich als Journalistin natürlich auch faszinierend. Da erlebt man Geschichten aus erster Hand. Berlin ist wirklich eine der

4. interessant
5. schlecht
6. wenig
7. teuer
8. kurz
9. billig
10. leicht
11. nah

______________ (4) Städte der Welt. Finanziell ist Hamburg für mich ______________ (5). Ich werde dort ______________ (6) verdienen als in Berlin. Dafür wird Berlin vielleicht ______________ (7) sein. Von Hamburg ist die Fahrt nach Bremen ______________ (8) und ______________ (9). Man kann ______________ (10) mal nach Hause fahren. Auch ist Lübeck ______________ (11). Da arbeitet, wie du weißt, mein Freund Ulf. Vor ein paar Wochen bin ich in beiden Städten gewesen und ich finde es nicht leicht zu sagen, welche Stadt mir

NAME ______________________ DATUM __________ KURS __________

12. gut
13. gesund
14. vielseitig
15. furchtbar
16. groß
17. alt
18. teuer
19. offen
20. freundlich
21. gemütlich
22. gern

__________ (12) gefallen hat. Das Klima in Berlin soll das __________ (13) in Deutschland sein und das Kulturleben am __________ (14). Das Wetter in Hamburg ist bestimmt das __________ (15), aber Hamburg hat die „__________ (16), __________ (17) und __________ (18) Oper in Deutschland", wie man hier sagt. Die Menschen in Berlin fand ich __________ (19), __________ (20) und __________ (21) als in Hamburg und nicht so reserviert. Ich weiß wirklich nicht, wo ich __________ (22) wohnen und arbeiten möchte.

Lass mich wissen, was du denkst!

Viele Grüße! Deine Ingeborg

C. Schreiben Sie die Sätze in der Zukunft!

1. An das Wetter gewöhnst du dich.

____

2. Dort hat man eine bessere Zukunft.

____

3. Ich spreche mit dem Herrn.

____

4. Als Wissenschaftler verdienst du weniger, aber die Arbeit ist interessanter.

____

____

5. Ihr habt auch mehr Verantwortung.

____

6. Das gefällt euch.

____

D. Wie weit is es von . . . nach . . . ? *(Using comparisons, make five to eight statements about the map below.)*

z. B. Von Berlin nach Erfurt ist es weiter als von Berlin nach Hamburg.
Hamburg ist näher als Erfurt.

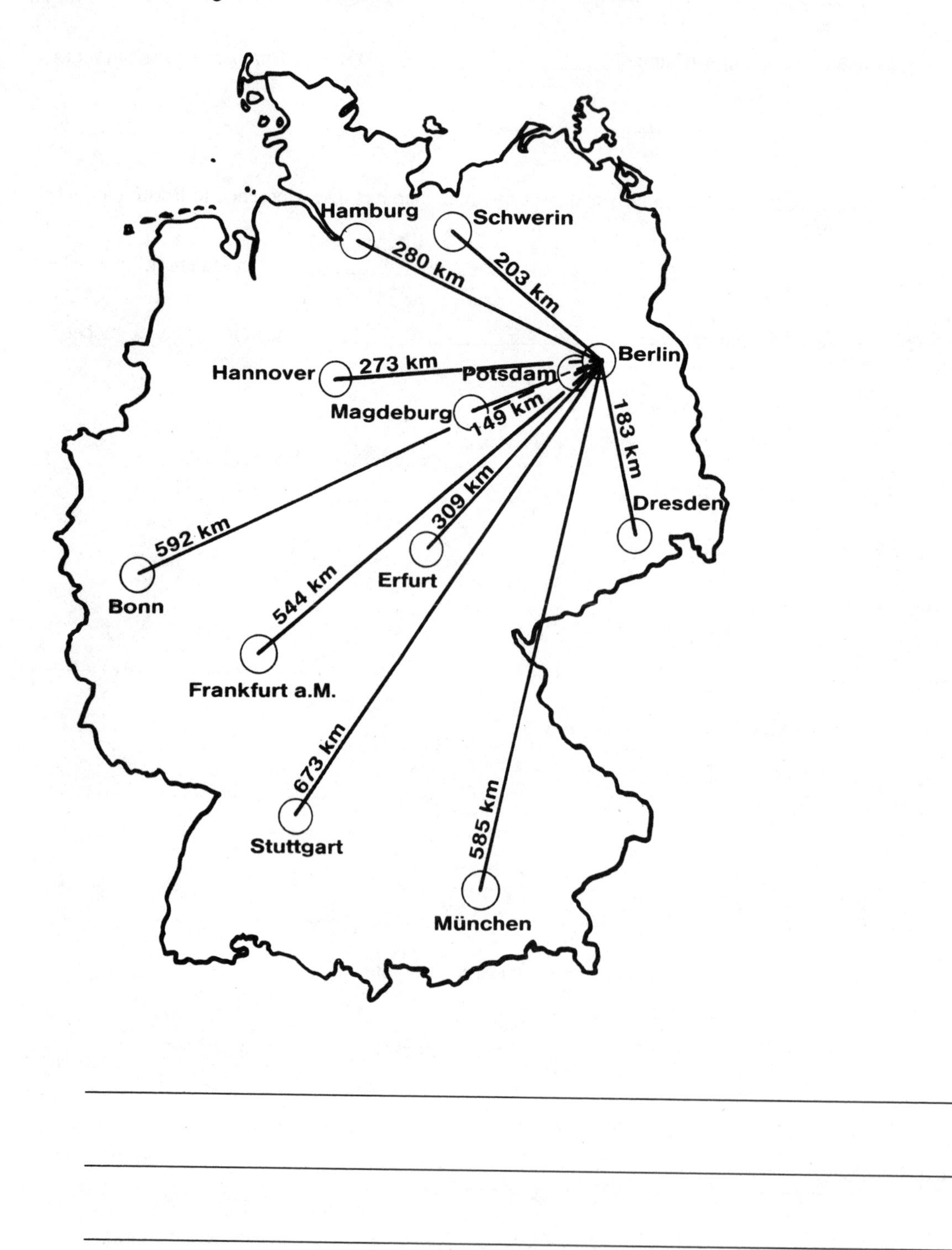

____

____

____

____

____

____

E. Sprechsituationen: Wann sagen Sie das? *(Write appropriate statements or questions that would elicit the responses below.)*

z. B. **Das Leben ist teuer.** Das stimmt.

1. SIE ______________________________

   JEMAND Genau!

2. SIE ______________________________

   JEMAND Na klar!

3. SIE ______________________________

   JEMAND Ach was!

4. SIE ______________________________

   JEMAND Das ist doch lächerlich!

5. SIE ______________________________

   JEMAND Gar nicht wahr!

6. SIE ______________________________

   JEMAND Das glaube ich nicht.

7. SIE ______________________________

   JEMAND Du hast Recht.

8. SIE ______________________________

   JEMAND Quatsch!

9. SIE ______________________________

   JEMAND Hoffentlich!

10. SIE ______________________________

    JEMAND Keine Ahnung!

11. SIE ______________________________

    JEMAND Das kommt darauf an.

12. SIE ______________________________

    JEMAND Mal sehen!

F. Aufsatz *(After looking at the chart below, comment on the outlook for the various professions. Write eight to ten sentences, using the future and comparisons where possible.)*

Chancen im Beruf		Wie Geht's Weiter?	
Apotheker	✓	Apothekerschwemme*, Chancen in Forschung* und Verkauf	surplus / research
Architekt	✓	Sanieren* und ökologisches Bauen bringt Arbeit in neuen Gebieten*	restoration areas
Arzt	–	schlechte Chancen, weil Krankenkassen* weniger zahlen; Niederlassungsbeschränkungen*	insurances / restrictions in setting up practice
Betriebswirt	+	Trotz Betriebswirtschwemme schaffen 40% den Sprung ins* Management	make it into
Biologe	–	Hauptarbeitgeber Universitäten haben wegen zu wenig Geld wenig Stellen	
Bürokraft	+	Multitalent für den Büroalltag auch in Zukunft gefragt; Aufstieg* nicht leicht	advancement
Chemiker	✓	Ausbildung allein nicht genug; was zählt, ist internationale Erfahrung	
Informatiker	+	Extraqualifikation Schlüssel zur Zukunft; Lerndruck* wegen rapider Entwicklung*	pressure development
Journalist	✓	Medien haben lieber schreibtalentierte Volkswirte, Politologen oder Informatiker	
Jurist	✓	Hauptarbeitgeber Staat hat wenig neue Stellen; gute Chancen in der Wirtschaft	
Krankenpfleger	+	viele Jobs; neue Karrierechancen in der Hauskrankenpflege	
Lehrer	+	Jeder zweite Lehrer ist älter als 45; Schulen brauchen Nachwuchs*	new recruits
Maschinenbauingenieur	+	technischer Alleskönner; jeder dritte schafft den Sprung ins Management	
Psychologe	–	schlechte Chancen, weil Krankenkassen weniger zahlen	
Volkswirt	+	Komplexe Wirtschaft braucht immer mehr Ökonomen in der Privatwirtschaft	
Zahnarzt	–	Ärzteschwemme verschlechtert auf Jahre Perspektiven von Einsteigern	

NAME ______________________ DATUM ____________ KURS ____________

E. Studienausweis *(Write a brief paragraph, using the questions below as guidelines.)*

UNIVERSITÄT GÖTTINGEN
- Studien-Ausweis -

für
Frau / Herrn

Amrei
Lüdemann
geb. am 07.12.76
in Bad Hersfeld

>>> S O M M E R 99 <<<

ist immatrik. im SS 99
seit dem WS 95 / 96

Gültig vom 01.04.99
bis 31.10.99
nur in Verbindung mit dem Personalausweis oder einem amtlichen Pass

Matrikel-Nr. 28909808

Angestrebte Abschlußprfg.
- Studienfach / fächer — Fach-sem.

Staatsexamen
- Rechtswissenschaft — 08

Semester-Anschrift
Friedländer Weg 59
3400 Göttingen

Diese Bescheinigung wurde maschinell erstellt, sie trägt daher weder Unterschrift noch Siegel. Zusätze und Änderungen bedürfen der Zustimmung durch das Studentensekretariat.

Wie heißt die Studentin? Wo studiert sie und wann? Seit wann studiert sie schon? Was studiert sie? Wie alt ist sie zu der Zeit? Wo ist sie geboren? Wo wohnt sie während des Semesters?

____

____

____

____

____

____

____

F. Sprechsituation: wenn ich Sie wäre, . . . ! *(Read what good advice Ms. Jakob has for Mr. Bingel. Then match the underlined phrases with the English equivalent listed below.)*

a. *are you allowed . . .*
b. *how about . . .*
c. *I'm sorry.*
d. *I don't mind.*
e. *I would prefer it, too . . .*
f. *if I were you . . .*
g. *is forbidden*
h. *it would be better if . . .*
i. *of course . . .*
j. *would it be all right with you . . .*
k. *would it bother you . . .*
l. *you ought to . . .*

____ 1. Sie sollten mehr spazieren gehen!

____ 2. Ja, natürlich. Ich weiß.

____ 3. Es wäre besser, wenn Sie nicht jeden Tag so lange im Büro sitzen würden.

____ 4. Es wäre mir auch lieber, wenn ich nicht so viel zu tun hätte.

____ 5. An Ihrer Stelle würde ich nicht so viel arbeiten.

____ 6. Wie wär's, wenn Sie sich einen Hund kauften? Dann würden Sie bestimmt öfter spazieren gehen.

____ 7. Ist es bei Ihnen erlaubt, einen Hund zu haben?—Ja, natürlich.

____ 8. Ich frage ja nur, weil es manchmal verboten ist.

____ 9. Wäre es Ihnen recht, wenn ich den Hund in den Ferien zu Ihnen brächte?

____ 10. Ich habe nichts dagegen.

____ 11. Würde es Sie stören, wenn ich auch meine Katze in den Ferien zu Ihnen bringen würde?

____ 12. Nein, mich würde es nicht stören, aber meine Frau ist allergisch gegen Katzen. Es tut mir Leid.

G. Aufsatz *(Write a letter of invitation, about ten to twelve sentences long, to a friend in Germany. Use the subjunctive as much as possible.)*

Liebe(r). . . !

Schreiben Sie ihm / ihr, warum Sie möchten, dass er/sie zu Ihnen kommt, und was man hier alles tun könnte! Vielleicht könnte er/sie sogar hier studieren. Was würde das kosten? Wo könnte er / sie wohnen? Wie sähe der Alltag hier an der Uni aus?

NAME ______________________ DATUM ____________ KURS ____________

A. Erweitern Sie Ihren Wortschatz!

1. Was ist das deutsche Wort dafür?

A (relatively small) number of German words have found their way into the American language and are listed in Webster's. *You probably know most of them.*

a. *a woman whose horizon is limited to her household* ____________

b. *an expression used when someone sneezes* ____________

c. *a special way of singing practiced in the Alps* ____________

d. *a pastry made of paper-thin dough and often filled with apples* ____________

e. *something like very dry toast, often given to teething infants* ____________

f. *a dog shaped like a sausage with short bowed legs* ____________

g. *a hot dog* ____________

h. *an adjective expressing that all is in ruins or done for* ____________

i. *a word which implies that something isn't real or genuine, but a cheaper replacement* ____________

j. *a cheer given when people drink together* ____________

2. Lesen Sie!

A considerably larger number of English words have entered the German language, especially since World War II. Such sentences as the following are unlikely, but by no means impossible.

a. Das ist der Journalist, der die Story von dem Come-back des Stars brachte.
b. Nach der Show gab das Starlet ein Interview.
c. Gestern haben wir im TV eine wunderbare Jazzshow gesehen. Das Musical heute Abend soll auch gut sein.
d. Layout und Design sind hier besonders wichtig. Ein Layouter wird gut bezahlt.
e. Manche Teenager denken, dass Make-up und Sex-Appeal das gleiche sind.
f. Die Effizienz in einem Office hängt vom Teamwork der Angestellten ab.
g. Wenn ein Manager non-stop arbeitet, ist es kein Wunder, dass der Stress zu viel wird.
h. Ein Banker weiß, dass guter Service sehr wichtig ist.
i. Für unseren Flag Ship Store Berlin suchen wir eine(n) professionellen, systematisch-powervollen Sales Manager/in. Die Position umfasst *(includes)* den kompletten Sale und die Betreuung *(supervision)* unseres Exklusiv-Shops.

B. Welches ist die richtige Übersetzung *(translation)* für die Verbform?

1. Um 1960 wurde es in Deutschland sehr schwer, genug Industriearbeiter zu finden.
   a. *was difficult* c. *has been difficult*
   b. *became difficult* d. *would be difficult*
2. Hunderttausende von ausländischen Arbeitern wurden in die Bundesrepublik eingeladen.
   a. *have invited* c. *were invited*
   b. *would be invited* d. *will be invited*
3. Diese Arbeiter aus der Türkei, aus Jugoslawien, Italien, Griechenland, Spanien und anderen Ländern werden Fremdarbeiter oder Gastarbeiter genannt.
   a. *are called* c. *were called*
   b. *will call* d. *would be called*
4. Am Anfang glaubte man, dass diese Arbeiter nach ein paar Jahren in ihre Heimat zurückgehen würden.
   a. *will go back* c. *would go back*
   b. *went back* d. *have returned*
5. Weil es aber dort keine Arbeit gab und weil die Arbeit in Deutschland nicht schlecht bezahlt wurde, blieben viele Gastarbeiter in der Bundesrepublik.
   a. *would pay* c. *would be paid*
   b. *paid* d. *was paid*
6. Leider wird es ihnen nicht leicht gemacht, sich in das deutsche Leben zu integrieren.
   a. *will make* c. *will be made*
   b. *is being made* d. *would be made*
7. Manche deutschen Stadtteile sind griechische oder türkische Gettos geworden.
   a. *have become* c. *were*
   b. *are becoming* d. *will become*
8. Weil die Kinder der Gastarbeiter oft kein Deutsch sprechen, ist in den Schulen viel experimentiert worden.
   a. *experiments are being conducted* c. *experiments will be conducted*
   b. *experiments would be conducted* d. *experiments were conducted*
9. Man weiß noch nicht, wo diese Kinder später leben werden.
   a. *would live* c. *will live*
   b. *lived* d. *are living*

10. Ohne die Gastarbeiter könnte die deutsche Industrie heute nicht funktionieren.
    a. *can't function*
    b. *will not be able to function*
    c. *was unable to function*
    d. *couldn't function*

C. Auf Deutsch bitte!

1. *Why was that changed?*

   ____

2. *That can easily be explained.*

   ____

3. *What will they do now?*

   ____

4. *It's already getting dark.*

   ____

5. *It hasn't been torn down yet.*

   ____

6. *I'll be a lawyer.*

   ____

D. Sehen Sie auf das Bild und lesen Sie den Text dazu! Finden Sie das Passiv und übersetzen Sie die Formen!

z. B. zerstört wurden ***were destroyed***

1. Hier sehen Sie ein Bild von mehreren schönen alten Gebäuden in Frankfurt, die im 2. Weltkrieg zerstört worden waren.

   ____

2. Zuerst sollten sie nicht wieder aufgebaut werden, weil das zu teuer war.

   ____

3. Aber durch Bürgerinitiativen sind sie gerettet worden.

   ____

4. Heute sind die Gebäude fertig, aber auf dem Bild sieht man, wie in den 80er Jahren daran gebaut wurde.

   ____

5. Man hat die Fassaden so gelassen, wie sie vor dem Krieg waren, aber innen sind die Gebäude modernisiert worden.

   ____

6. Die Renovierung dieser Fachwerkhäuser *(half-timbered houses)* wurde damals von der Stadt mit 15 Million Mark finanziert.

   ____

7. Leider sind dabei Fehler gemacht worden.

   ____

8. Die Mieter ärgerten sich darüber, dass in den Wänden immer wieder neue Risse *(cracks)* gefunden wurden.

   ____

9. Es musste herausgefunden werden, wer dafür verantwortlich gemacht werden konnte.

   ____

10. Diese Gebäude sind am Römerberg *(name of a square),* zwischen dem Dom und dem Römer—so heißt ein Gebäudekomplex. Auch der Dom und der Römer sind restauriert worden.

    ____

11. Vor mehreren hundert Jahren sind Kaiser und Könige im Dom gekrönt *(crowned)* worden.

    ____

12. Danach wurde auf dem Römerberg gefeiert.

    ____

13. Heute wird im Römer geheiratet, denn dort ist das Frankfurter Standesamt *(civil marriage registry).*

    ____

E. Das Deutsche Nationaltheater *(Look at the photo on p. 398 in your main text. Then complete the statements about it.)*

1. Das Goethe-Schiller- . . . steht vor dem Nationaltheater in Weimar.

   a. Mahnmal b. Denkmal c. Abendmahl

2. Das Theater wurde am 9. Februar 1945 durch Bomben . . .

   a. abgerissen b. erklärt c. zerstört

3. Am 28. August 1948 wurde es nach zweijähriger Bauzeit wieder . . .

   a. eröffnet b. gerettet c. garantiert

4. Es war das erste Theatergebäude, das nach dem 2. Weltkrieg wieder . . . wurde.

   a. gebraucht b. gerettet c. aufgebaut

5. Seitdem *(since then)* werden dort wieder viele klassische und moderne, nationale und internationale . . . aufgeführt.

   a. Studien b. Romane c. Stücke

6. Den Namen „Deutsches Nationaltheater" bekam das Haus am 19. Januar 1919 im Zusammenhang mit *(in connection with)* der Weimarer Nationalversammlung *(National Assembly)*, die hier vom 6. Februar bis zum 11. August 1919 . . .

   a. zusammenkam b. zusammenwuchs c. erklärte

7. An der Stelle des jetzigen Theaters stand früher das alte Hoftheater, in dem nicht nur Goethes „Faust," . . . auch Wagners „Lohengrin," Hebbels „Nibelungen" und Humperdincks „Hänsel und Gretel" ihre Premieren hatten.

   a. allerdings b. etwa c. sondern

8. Beim Wiederaufbau des Nationaltheaters 1946–1948 wurde das Innere *(interior)* des Theaters, das an das alte Barocktheater erinnerte, enorm . . .

   a. verboten b. verändert c. verloren

9. Die Weimarer sind stolz . . . ihr Theater.

   a. von b. für c. auf

F. Lesen Sie die Sprichwörter und finden Sie die englische Version auf der Liste!

____ 1. Lieber ein Spatz *(sparrow)* in der Hand als eine Taube *(pigeon)* auf dem Dach.
____ 2. Rom ist nicht an einem Tag gebaut worden.
____ 3. Es ist noch kein Meister vom Himmel gefallen.
____ 4. Der Apfel fällt nicht weit vom Stamm *(stem)*.
____ 5. Was Hänschen nicht lernt, lernt Hans nimmermehr *(nevermore)*.
____ 6. Viele Köche verderben *(spoil)* den Brei *(porridge)*.
____ 7. Lügen *(lies)* haben kurze Beine.
____ 8. Ohne Fleiß kein Preis.
____ 9. Morgenstund' hat Gold im Mund.
____ 10. Morgen, morgen, nur nicht heute, sagen alle faulen Leute.
____ 11. Wie man sich bettet, so liegt man.
____ 12. Wo ein Wille ist, ist auch ein Weg.
____ 13. Ende gut, alles gut.

a. *A bird in the hand is worth two in the bush.*
b. *All's well that ends well.*
c. *He's a chip off the old block.*
d. *If you don't learn it when you're young, you'll never learn it.* (i.e., *You can't teach an old dog new tricks.*)
e. *Lies have short legs. (The truth will come out.)*
f. *No man is born a master of his craft.*
g. *No pain, no gain.*
h. *Rome wasn't built in a day.*
i. *The early bird catches the worm.*
j. *Tomorrow, tomorrow, not today, all the lazy people say.*
k. *Too many cooks spoil the broth.*
l. *Where there's a will there's a way.*
m. *You've made your bed, lie in it!*

G. Welches Sprichwort passt dazu?

1. Arnold ist gerade Manager einer Bankfiliale *(branch)* geworden und hat jetzt ein sehr gutes Einkommen. Sein Chef *(boss)* hält viel von ihm. Warum? Arnold ist jahrelang früh ins Büro gekommen und hat seine Arbeit immer prompt gemacht. Wenn die anderen Angestellten kamen, hatte er schon viel fertig.

____

2. Thomas muss sein Zimmer putzen, aber immer wieder sagt er „Später!" Drei Tage später sagt er immer noch „Ich habe jetzt keine Zeit." Da denkt sich sein Zimmerkollege:

____

____

3. Der 10jährige Sebastian wollte gern ein neues Fahrrad. Weil er aber in der Schule nicht gerade fleißig war, waren seine Noten nicht besonders gut. Sein Vater versprach ihm ein neues Fahrrad, wenn seine Noten besser würden. Es dauerte eine Weile, aber nach einem Jahr konnte er stolz auf einem tollen neuen Fahrrad zur Schule fahren.

____

4. Maria ist frustriert, weil sie für ihre Klavierstunden so viel üben muss. Das, was sie übt, macht ihr keinen Spaß, weil ihre Freundinnen schon viel besser spielen können. Am liebsten würde sie aufhören, Klavier zu spielen. Da sagt ihre Lehrerin:

____

5. Petra und ihr Mann Oskar kochen beide gern. Oskar wollte Kartoffelsuppe machen und fing damit an, aber nach einer Weile wurde er ans Telefon gerufen und Petra machte weiter. Als sie sich dann an den Tisch setzten, um ihre schöne Suppe zu essen, machten sie beide saure Gesichter. Die Suppe war furchtbar salzig und scharf *(spicy)*. Beide hatten Salz und Pfeffer hineingetan.

____

6. Rüdiger fährt gern Auto. Er hat aber kein Auto, und den Mercedes seines Vaters darf er nicht fahren. Als sein Vater auf einer Geschäftsreise war, setzte er sich trotzdem ins Auto und fuhr damit in die Stadt. Und da ist es dann beim Parken passiert *(happened)*: ein großer Kratzer *(scratch)*! „Ich weiß nicht, woher der Kratzer kommt. Ich habe dein Auto nicht gefahren", sagt er seinem Vater. Aber die Nachbarin hat alles gesehen und erzählt Rüdigers Mutter davon beim Kaffeeklatsch.

____

H. Aufsatz *(Write a paragraph of ten to twelve sentences about any city. Use the passive voice wherever possible.)*

Bei uns in . . .

Beschreiben Sie, was man in einer Stadt macht, die Sie kennen! Werden Gebäude abgerissen oder renoviert? Wird viel gebaut? Ist die Stadt dadurch schöner geworden? Was sollte man tun?

NAME ______________________ DATUM ____________ KURS ____________

KAPITEL RÜCKBLICK 12–15

I. Wortschatzwiederholung

A. Was ist der Artikel dieser Wörter? Was bedeuten sie auf Englisch?

1. ____ Haushaltsgeld ____________
2. ____ Chemielabor ____________
3. ____ Zwischenprüfungsnote ____________
4. ____ Rechtsanwaltsfirma ____________
5. ____ Liebesgeschichte ____________
6. ____ Berglandschaft ____________
7. ____ Hals-Nasen-Ohrenarzt ____________
8. ____ Berufsentscheidungsproblem ____________
9. ____ Lebenserfahrung ____________
10. ____ Wintersemestervorlesungsverzeichnis ____________

B. Was passt?

1. Nennen Sie das passende Verb!

a. der Gedanke ________________ e. der Versuch ________________

b. der Plan ________________ f. der Wunsch ________________

c. der Traum ________________ g. das Gebäude ________________

d. der Verkäufer ________________ h. die Erklärung ________________

2. Geben Sie das Gegenteil davon!

a. arm ________________ k. abreißen ________________

b. dick ________________ l. aufhören ________________

c. faul ________________ m. sammeln ________________

d. furchtbar ________________ n. suchen ________________

e. hässlich ________________ o. verbieten ________________

f. hell ________________ p. vergessen ________________

g. langweilig ________________ q. der Krieg ________________

h. privat ________________ r. das Nebenfach ________________

i. schmutzig ________________ s. die Sicherheit ________________

j. schwierig ________________ t. die Zerstörung ________________

II. Strukturwiederholung

C. Vergleiche *(comparisons)*

1. Geben Sie den Komparativ und den Superlativ!

z. B. lang **länger, am längsten**

a. berühmt ____________________________ d. gern ____________________________

b. dumm ____________________________ e. groß ____________________________

c. faul ____________________________ f. gut ____________________________

g. heiß ______________________ m. nett ______________________

h. hoch ______________________ n. sauber ______________________

i. nahe ______________________ o. stolz ______________________

j. hübsch ______________________ p. schwierig ______________________

k. kalt ______________________ q. viel ______________________

l. kurz ______________________ r. warm ______________________

2. Was fehlt?

a. Wir wohnen jetzt in ______________ Stadt. *(a prettier)*

b. Die Umgebung ist noch ______________ vorher. *(more beautiful than)*

____

c. Es gibt kein ______________ Umgebung. *(more interesting)*

d. Peter hat ______________ Arbeit. *(the most strenuous)*

e. Aber er hat ______________ Einkommen. *(the highest)*

f. Er hat immer ______________ Ideen. *(the most and the best)*

g. Es gibt keinen ______________ Kollegen. *(nicer)*

h. Sie geben ihm ______________ Freiheit. *(the greatest)*

i. ______________ er hier ist, ______________ gefällt es ihm. *(the longer, the better)*

j. Die Lebensmittel kosten ______________ bei euch. *(just as much as)*

k. Aber die Häuser kosten ______________ bei euch. *(less than)*

D. Bilden Sie Relativsätze!

z. B. die Dame, _______________, . . . / Sie wohnt im dritten Stock.

Die Dame, **die im dritten Stock wohnt, . . .**

1. der Freund, _______________, . . .

   a. Er war gerade hier.

   ____

   b. Du hast ihn kennen gelernt,

   ____

   c. Ihm gehört das Büchergeschäft in der Goethestraße:

   ____

   d. Seine Firma ist in Stuttgart.

   ____

2. die Ärztin, _______________, . . .

   a. Ihre Sekretärin hat uns angerufen.

   ____

   b. Sie ist hier neu.

   ____

   c. Wir haben durch sie von dem Programm gehört.

   ____

   d. Ich habe mit ihr gesprochen.

   ____

3. das Gebäude, _______________, . . .

   a. Ihr werdet es bald sehen.

   ____

b. Du bist an dem Gebäude vorbeigefahren.

____

c. Es steht auf der Insel.

____

d. Man hat von dem Gebäude einen wunderschönen Blick *(m)*.

____

4. die Leute, ______________, . . .

a. Sie sehen aus wie Amerikaner.

____

b. Dort steht ihr Bus.

____

c. Die Landschaft gefällt ihnen so gut.

____

d. Du hast dich für sie interessiert.

____

e. Du hast mit ihnen geredet.

____

E. Sagen Sie die Sätze in der Zukunft!

1. Ich nehme an einer Gruppenreise teil.

____

2. Das ist billiger.

____

3. Du musst ihnen das Geld bald schicken.

____

4. Meine Tante versucht, uns in Basel zu sehen.

____

5. Wie findet sie uns?

____

6. Das musst du ihr erklären.

____

F. Bilden Sie ganze Sätze im Konjunktiv!

1. Konjunktiv der Gegenwart oder **würde**-Form
   a. ich / mich / fühlen / besser / / wenn / die / Arbeit / sein / fertig

   ____

   b. das / sein / wunderschön

   ____

   c. ihr / können / uns / dann / besuchen

   ____

   d. ich wünschte / / Rolf / haben / mehr Zeit

   ____

   e. wenn / ich / nur / können / sich gewöhnen / daran!

   ____

   f. erklären / können / du / mir / das?

   ____

   g. ich wünschte / / er / nicht / reden / so viel am Telefon

   ____

   h. was / du / tun?

   ____

2. Konjunktiv der Vergangenheit
   a. wir / nicht / sollen / in / Berge / fahren

   ____

   b. ich wünschte / / sie *(sg.)* / zu Hause / bleiben

   ____

   c. das / sein / einfacher

   ____

   d. wenn / wir / nur / nicht / wandern / so viel!

   ____

   e. wenn / du / mitnehmen / bessere Schuhe / / die Füße / wehtun / dir / nicht

   ____

   ____

   f. du / sollen / mich / erinnern / daran

   ____

   g. ich / es / finden / schöner / / wenn / ich / bleiben / zu Hause

   ____

G. Verben. Variieren Sie den Satz!

Ich studiere hier.

I'll study here. I'd study there. Would you (sg. fam.) *like to study there? I wish I could study there. She could have studied there. If I study there, my German will get better. If I were to study there, I could visit you* (pl. fam.). *I should have studied there.*

____

____

____

____

H. Indirekte Rede *(indirect speech).* Ein Brief von David aus Amerika.

„Ich habe eine nette Wohnung. Mein Zimmerkollege *(roommate)* ist aus New York. Ich lerne viel von ihm. Ich spreche nur Englisch. Manchmal gehe ich auch zu Partys. Ich lerne viele nette Studenten kennen. Die meisten wohnen im Studentenheim. Das ist mir zu teuer. Die Kurse und Professoren sind ausgezeichnet. Ich muss viel lesen und es gibt viele Prüfungen, aber eigentlich habe ich keine Probleme."

1. Erzählen Sie, was David geschrieben hat! *(Use the present-time subjunctive.)*

   z. B. David schrieb, er hätte eine nette Wohnung. Sein Zimmerkollege wäre aus New York . . .

   ____

   ____

   ____

   ____

   ____

   ____

2. Was schrieb David damals über seine Zeit in Amerika? *(Use the past-time subjunctive.)*

   z. B. David schrieb, er hätte eine nette Wohnung gehabt. Sein Zimmerkollege wäre aus New York gewesen . . .

   ____

   ____

   ____

   ____

   ____

   ____

I. Sagen Sie die Sätze im Passiv! *(Do not express pronoun agents.)*

1. Viele Studenten besuchen diese Universität.

   ____

2. Dieses Jahr renoviert man die Studentenheime.

   ____

3. Man baut ein neues Theater.

____

4. In dem alten Theater hat man viele schöne Theaterstücke gespielt.

____

5. Am Wochenende haben sie dort auch Filme gezeigt.

____

6. In der Mensa sprach man dann darüber.

____

7. Man wird das Theater am 1. Mai eröffnen.

____

8. Man muss diesen Tag feiern.

____

J. Ein Jahr Deutsch! Auf Deutsch bitte!

1. Now I have finished **(fertig werden mit)** my first year of German. 2. I've really learned a lot. 3. I never would have thought that it could be so much fun. 4. Not everything has been easy. 5. I had to learn many words. 6. Many questions had to be answered. 7. Soon we'll have our last exam. 8. Because I've always prepared (myself) well, I don't have to work so much now. 9. After the exam we will be celebrating. 10. I've been invited to a party by a couple of friends. 11. If I had the money, I'd fly to Europe now. 12. Then I could see many of the cities we read about, and I could use my German.

____

____

____

____

____

K. Was fehlt?

1. Ich finde dieses Buch am . . .
   a. interessant b. interessanter c. interessanten d. interessantesten
2. Das ist der . . . Kassettenrecorder.
   a. teuer b. teurer c. teuerste d. teuersten

3. Den . . . Leuten gefällt es hier.
   a. meisten b. meistens c. am meisten d. meiste
4. Der rote Pullover ist nicht . . . der graue Pullover.
   a. so warm wie b. wärmer c. am wärmsten d. immer wärmer
5. Er ist ein ___ typisch ___ Beamt ___.
   a. -er, -er, -er b. -en, -en, -en c. er, -er, -er d. —, -er, -er
6. Hast du gewusst, dass Andreas . . . Schweizer ist?
   a. ein b. einen c. —
7. Ist Karin . . . ?
   a. ein Beamter b. der Beamte c. Beamtin
8. Das sind die Geschäftsleute, von . . . er gesprochen hat.
   a. die b. wem c. deren d. denen
9. Da drüben ist das Gebäude, in . . . mein Büro ist.
   a. das b. der c. dem d. denen
10. Ist das der Krimi, . . . dir so gut gefallen hat?
    a. der b. dem c. den d. wer
11. Kennen Sie eine Rechtsanwältin, mit . . . ich darüber sprechen kann?
    a. wem b. der c. dem d. denen
12. Wie heißt die Professorin, . . . Biologiekurs dir so gut gefallen hat?
    a. der b. deren c. dessen d. denen
13. Wenn wir Veras Telefonnummer hätten, . . . wir sie einladen.
    a. werden b. wollen c. würden d. wären
14. Ich wünschte, ich . . . mit euch ins Kino gehen.
    a. kann b. konnte c. könnte d. kannte
15. Wenn wir am Wochenende Zeit haben, . . . wir aufs Land.
    a. fahren b. fuhren c. führen d. würden
16. Wenn er mich nur helfen . . . !
    a. ließe b. ließ c. läse d. las
17. Wenn du früher ins Bett . . . , wärest du nicht so müde.
    a. gehst b. gingst c. gingest d. gehest
18. Sie sagte, sie . . . ihr Auto am Dom geparkt.
    a. hat b. hatte c. hätte d. würde
19. Ich wünschte, ich . . . früher aufgestanden.
    a. war b. wäre c. habe d. hätte
20. Das hättest du mir wirklich sagen . . .
    a. kannst b. könntest c. gekonnt d. können
21. Diese Burg ist im 18. Jahrhundert zerstört . . .
    a. würde b. wird c. geworden d. worden
22. Erika ist endlich wieder gesund . . .
    a. würde b. wurde c. geworden d. worden
23. Dieses Gebäude wird nächstes Jahr repariert . . .
    a. werden b. geworden c. worden d. wurde
24. Das . . . uns nicht gut erklärt worden.
    a. wird b. ist c. hat d. sein
25. . . . ihr Deutsch belegen?
    a. wird b. würde c. werdet d. wirst
26. Die Rechnung muss noch bezahlt . . .
    a. sein b. werden c. worden d. wurden

ANSWER KEY
FOR RÜCKBLICKE

So ist's richtig

RÜCKBLICK SCHRITTE

A. 1c, 2b, 3c, 4b, 5c, 6a

B. 1. Guten Morgen! Bitte öffnen Sie das Buch auf Seite 10! 2. Verstehen Sie das? 3. Ja, aber lesen Sie bitte langsam! 4. Wie ist das Wetter? 5. Es regnet, nicht wahr? 6. Nein, die Sonne scheint. 7. Wirklich? Das finde ich wunderbar. 8. Wie spät ist es? 9. Es ist Viertel vor zwölf. 10. Danke!—Bitte (schön)! 11. Wann essen Sie? 12. Um halb eins. Auf Wiedersehen / Tschüss!

C. 1i, 2l, 3g, 4a, 5n, 6b, 7k, 8e, 9o, 10c, 11q, 12d, 13p, 14j, 15h, 16r, 17m, 18f

RÜCKBLICK KAPITEL 1–3

A. 1. verkaufen 2. sagen / antworten 3. gehen 4. südlich 5. im Osten 6. geschlossen/zu 7. nichts 8. teuer 9. dünn 10. klein 11. langsam 12. furchtbar

B. 1. die Buttermilch 2. das Bananeneis 3. der Kartoffelsalat 4. die Salatkartoffel 5. die Lebensmittelrechnung 6. die Limonadenflasche 7. das Marmeladenbrot 8. der Obstkuchen 9. der Zitronenpudding

C. 1. Familie 2. Abendessen 3. Löffel 4. Obst 5. Gemüse 6. Großvater, Onkel 7. Bleistift, Kuli, Papier 8. Mantel, Jacke 9. die Mensa 10. das Café 11. Kleidergeschäft / Kaufhaus

D. 1. Wir trinken Saft. Trinkst du / trinkt ihr / trinken Sie Saft? Sie trinkt keinen Saft.
2. Ich antworte den Leuten. Sie antworten den Leuten. Antwortet sie den Leuten? Antworten Sie den Leuten! Antworten Sie den Leuten nicht! Warum antwortest du / antwortet ihr / antworten Sie den Leuten nicht?
3. Sie fahren nach Stuttgart. Warum fährt sie nach Stuttgart? Ich fahre nicht nach Stuttgart. Fährst du / fahrt ihr / fahren Sie nach Stuttgart? Fahren Sie nach Stuttgart! Fahren Sie nicht nach Stuttgart!
4. Wer isst Fisch? Isst du / esst ihr / essen Sie Fisch? Sie essen keinen Fisch. Essen Sie Fisch!
5. Ich werde müde. Sie wird nicht müde. Werden Sie nicht müde! Wer wird müde? Wir werden auch müde.
6. Ich habe Hunger. Hast du / habt ihr / haben Sie Hunger? Wer hat Hunger? Sie haben Hunger. Sie haben keinen Hunger. Wir haben Hunger.
7. Du bist / ihr seid / Sie sind sehr groß. Sie sind nicht sehr groß. Ich bin sehr groß. Ist er nicht groß?

E. 1. Herr Schmidt ist Österreicher. Nein, er ist aus der Schweiz. Ist Frau Bayer Österreicherin? Sie ist auch nicht Österreicherin. Sie sagen, Frau Klein ist Amerikanerin. Joe ist auch Amerikaner.
2. Hier gibt es einen Fluss (ein Restaurant, keine Mensa, keinen See). Hier gibt es Berge (Bäckereien, Seen, keine Gaschäfte, keine Cafés).
3. Wem gehört das Geschäft? Was gehört dem Großvater? Sie sagt, es gehört nicht dem Bruder. Es gehört nicht der Tante.
4. Was bringt er der Freundin? Wem bringt er Blumen? Wer bringt Blumen? Warum bringt er Blumen? Bringt er der Freundin keine Blumen? Sie bringen den Kindern ein paar Plätzchen. Bringt sie den Freunden eine Flasche Wein? Er bringt den Nachbarn Äpfel. Ich bringe den Schwesten ein paar Bücher.

F. durch die Stadt (das Kaufhaus, den Supermarkt)
für den Kuchen (den Vater, den Jungen, die Eltern, die Familie)
gegen die Leute (das Restaurant, die Bedienung, den Ober, die Menschen)
ohne das Essen (die Speisekarte, den Pudding, den Herrn, die Geschwister)
um das Geschäft (den Markt, die Mensa, den Tisch)

aus der Flasche (den Gläsern, dem Supermarkt, der Bäckerei, dem Café)
außer dem Bruder (den Eltern, der Schwester, den Leuten, dem Studenten)
bei dem Supermarkt (der Apotheke, dem Nachbarn, der Familie)
mit dem Herrn (der Freundin, dem Löffel, dem Messer, der Gabel)
nach dem Frühstück (dem Mittagessen, der Vorlesung, dem Kaffee)
seit dem Abendessen (dem Frühling, der Zeit)
von dem Ober (der Tante, den Kindern, der Mutter, der Studentin)
zu dem Restaurant (der Mensa, dem Markt, der Apotheke)

G. 1. Heute gibt es keinen Schokoladenpudding. 2. Der Junge hilft dem Vater nicht. 3. Ich sehe den Ober nicht / Ich sehe keinen Ober. 4. Ich habe kein Messer. 5. Wir brauchen heute keine Milch. 6. Wir gehen nicht nach Hause. 7. Wir haben keine Rindsrouladen. 8. Er trinkt keinen Kaffee. 9. Sie isst nicht gern Eis. 10. Max ist nicht mein Freund. 11. Ich habe keinen Durst. 12. Heute ist es nicht sehr kalt.

H. 1. von der, zur, zum 2. zum 3. für die 4. aus / von 5. nach, für die, für den, für die 6. um, zu 7. zum 8. nach dem 9. um, mit den, zur 10. bei den, mit 11. nach dem, durch die, nach 12. ohne die 13. nach dem, seit 14. um

I. 1d, 2a, 3a, 4b, 5c, 6b, 7c, 8a, 9c, 10b, 11d, 12b, 13a, 14d, 15d, 16d, 17b, 18b, 19d, 20d

J. 1. John ist Engländer, aber er lernt / studiert Deutsch. 2. In Europa sind Sprachen wichtig. 3. Wo gibt es eine Apotheke und einen Supermarkt? 4. Carolyn braucht nicht nur Brot, Butter und Marmelade, sondern auch etwas Käse, eine Flasche Saft, swei Pfund Äpfel und ein paar Bananen. 5. Die Geschäfte sind sonntags zu. 6. Herr und Frau Schmidt kommen zum Abendessen. 7. Axel und ich helfen zu Hause. 8. Er trägt die Teller und ich trage die Messer und Gabeln. 9. Was gibt's zum Nachtisch, Pudding oder Eis? 10. Ich habe keinen Pudding und kein Eis. 11. Aber ich möchte (gern) etwas zum Nachtisch! 12. Sie essen nicht gern Nachtisch. 13. Ach du liebes bisschen, sie sind schon hier!

RÜCKBLICK KAPITEL 4–7

A. 1. der Eingang 2. die Nacht 3. fragen 4. laufen / zu Fuß gehen 5. Pech haben 6. vermieten 7. aufmachen 8. jung / neu 9. unbequem 10. wunderbar / prima / toll 11. geschlossen / zu 12. dunkel 13. da / dort 14. nie 15. schwer 16. rechts 17. laut 18. schmutzig 19. oben 20. nah

B. 1. der Ausweis, -e 2. die Bank, -en 3. die Bibliothek, -en 4. das Fest, -e 5. der Garten, ¨ 6. der Gast, ¨e 7. der Gasthof, ¨e 8. das Haus, ¨er 9. das Lied, -er 10. der Koffer, - 11. die Nacht, ¨e 12. das Radio, -s 13. die Reise, -n 14. der Sessel, - 15. die Tasche, -n 16. der Weg, -e

C. 1bhop, 2hnu, 3f, 4ab, 5tgdr, 6js, 7ib, 8em, 9qt, 10lm

D. 1. wissen 2. kennst 3. kennt 4. kenne, weiß 5. weißt

E. 1. Tun Sie / tut / tu . . . ! 2. Stellen Sie / stellt / stell . . . ! 3. Gehen Sie / geht / geh . . . ! 4. Sprechen Sie / sprecht / sprich . . . ! 5. Lassen Sie / lasst / lass . . . ! 6. Nehmen Sie / nehmt / nimm . . . mit! 7. Essen Sie / esst / iss . . . ! 8. Bleiben Sie / bleibt / bleib . . . ! 9. Fahren Sie / fahrt / fahr . . . !

F. 1. Wohin seid ihr gegangen?—Wir sind zum Museum gefahren.
2. Was hast du heute gemacht?—Ich habe meinen Koffer gepackt.
3. Wie habt ihr seinen Geburstag gefeiert?—Wir haben ihn mit einer Party überrascht.
4. Wie hat Ihnen die Landshuter Fürstenhochzeit gefallen?—Sie hat mir viel Spaß gemacht.
5. Haben Sie die Wohnung vermietet?—Ja, eine Studentin hat sie genommen.
6. Hast du gewusst, wo der Scheck gewesen ist?—Ja, er hat auf dem Schreibtisch gelegen.
7. Wie lange hat die Party gedauert?—Sie ist um 12.00 Uhr vorbei gewesen.
8. Wo sind Paula und Robert gewesen?—Sie haben eingekauft.

G. 1. Dürfen wir das Geschenk aufmachen? Wir wollen es aufmachen. Ich kann es nicht aufmachen. Er muss es aufmachen. Warum soll ich es nicht aufmachen? Möchtest du / möchtet ihr / möchten Sie es aufmachen?
2. Ich bin gestern angekommen. Sie kommt heute an. Wann kommen sie an? Wann ist er angekommen? Kommt er auch an? Ich weiß, dass sie morgen nicht ankommen. Sie sollen übermorgen ankommen. Ist sie schon angekommen?
3. Er fragt Sie. Sie fragt ihn. Fragen sie uns? Ja, sie fragen dich. Wir fragen euch. Fragt sie nicht! Hast du sie gefragt? Haben sie dich nicht gefragt? Habt ihr mich gefragt?
4. Ihm gefällt unser Museum. Gefällt Ihnen dieses Museum? Ihnen gefällt ihr Museum nicht. Welches Museum gefällt dir? Mir gefällt so ein Museum. / So ein Museum gefällt mir. Warum gefallen euch keine Museen? Mir haben solche Museen nie gefallen. Ihm gefällt jedes Museum.
5. Es tut ihr Leid. Es tut ihm nicht Leid. Tut es dir / euch / Ihnen Leid? Es hat mir Leid getan. Es hat ihnen Leid getan.

H. 1. vor dem / das Haus; in dem (im) / in das (ins) Gästezimmer; neben dem / das Sofa; hinter dem / den Sessel; unter dem (unterm) / unter den Tisch; zwischen dem / den Stuhl und dem / das Bett
2. neben die / der Gabel; auf den / dem Teller; in die / der Küche; in das (ins) / in dem (im) Esszimmer; zwischen die / der Butter und den / dem Käse

I. 1. Ich lerne Deutsch, weil meine Großeltern aus Deutschland sind.
2. Sie möchte wissen, ob du schon einman in Deutschland gewesen bist.
3. Ich sage ihr, dass ich im Sommer dort gewesen bin.
4. Ich möchte gern wieder einmal nach Deutschland, aber so eine Reise ist nicht billig.
5. Braucht man Hotelreservierungen, wenn man nach Deutschland fährt?
6. Obwohl man keine Reservierung braucht, hat es manchmal lange gedauert, bis ich ein Zimmer gefunden habe.
7. Einmal habe ich bei einer Kusine übernachtet und eine Nacht habe ich im Zug geschlafen.
8. Man muss alles gut planen, wenn man nach Deutschland fahren möchte.

J. 1. aber 2. aber 3. sondern 4. aber 5. sondern

K. 1. am, mit dem, aufs 2. in einem, auf einem, in den 3. durch den, an einen 4. unter einen, in dem (im) 5. aus dem 6. zwischen den, unter dem, auf der, hinter dem, in der 7. in die, auf die, zwischen die, unter den 8. mit der, zu dem (zum), in das (ins) 9. mit den 10. aus den, aus der, aus dem, aus der

L. 1c, 2b, 3c, 4c, 5b, 6b, 7b, 8a, 9a, 10b, 11a, 12a, 13a, 14c, 15c, 16b, 17b, 18b, 19a, 20a, 21b, 22d, 23b, 24b, 25d

M. 1. Wie gefallen euch eu(e)re Zimmer? 2. Mir gefällt mein Zimmer. / Mein Zimmer gefällt mir. 3. Man kann nicht nur die Stadt sehen, sondern auch den See. 4. Wisst ihr, dass mein Zimmer sogar einen Fernseher hat? 5. Welches Zimmer hast du? 6. Sieh da drüben, das Zimmer neben dem Eingang. 7. Was machen / tun wir jetzt? 8. Nichts. Ich muss mit eu(e)rem Vater sprechen. 9. Und ihr müsst ins Bett (gehen), weil wir morgen früh aufstehen müssen / denn morgen müssen wir früh aufstehen. 10. Wir sitzen nur im Auto und dürfen nichts machen / tun. 11. Wohin wollt ihr (gehen)? 12. Ich weiß / kenne ein Hotel am See, wo man tanzen kann. 13. Wann kommt ihr zurück? 14. Wann sollen wir zurückkommen? 15. Wo sind die Autoschlüssel? 16. Gib sie mir! 17. Hast du meine Schlüssel gesehen? 18. Wer hat sie zuletzt gehabt? 19. Ich habe sie nicht genommen. 20. Wo bist du zuletzt gewesen?—Ich weiß nicht.

RÜCKBLICK KAPITEL 8–11

A. 1. a. die Fahrt b. der Flug c. der Maler / das Gemälde d. das Geschenk e. die Sprache f. der Verkäufer g. der Freund h. die Woche i. der Sport j. die Liebe

2. a. mit dem Wagen b. in einer halben Stunde c. anfangen d. zu Fuß gehen e. anrufen f. herrlich / fantastisch / toll

3. a. aussteigen b. verlieren c. lachen d. sich ausziehen e. sich freuen f. aufstehen g. faul h. krank i. hässlich j. langweilig k. schwer l. traurig

B. Welches Wort passt nicht?

1. gewinnen
2. hässlich
3. verschieden
4. das Gemälde
5. gewöhnlich

D. 1. Halten Sie sich fit? Sie halten sich nicht fit. Wie hat sie sich fit gehalten? Halte dich / haltet euch / halten Sie sich fit! Ich möchte mich fit halten. Wir müssen uns fit halten. Wir mussten uns fit halten.

2. Wir erkälten uns wieder. Erkälte dich / erkältet euch / erkälten Sie sich nicht wieder! Sie haben sich wieder erkältet. Sie möchte / will sich nicht wieder erkälten. Wir haben uns wieder erkältet. Warum erkältest du dich immer? Sie haben sich immer erkältet.

E. 1. Du musst dich anziehen. 2. (Zu)erst möchte / will ich mich duschen und mir die Haare waschen. 3. Und du musst dich rasieren. 4. Warum beeilt ihr euch nicht? 5. Hört euch das an! 6. Er hat sich geärgert und sich hingesetzt.

G. 1. ein Geschenk zu kaufen 2. ihm zu schreiben 3. ein Buch anzufangen 4. alle einzuladen 5. früh aufzustehen 6. immer aufzupassen 7. sich fit zu halten 8. eine Sprache zu lernen

H. 1. Wohin seid ihr gegangen?—Wir haben Onkel Erich besucht.

2. Was hast du heute gemacht?—Ich bin schwimmen gegangen.
3. Wie hat Ihnen das Stück gefallen?—Es ist wirklich ausgezeichnet gewesen.
4. Warum hat sie sich so beeilt?—Die Vorstellung hat um acht angefangen.
5. Hast du gewusst, dass er ein sehr guter Schwimmer (gewesen) ist?—Nein, er hat nicht viel von sich gesprochen.

I. 1. Wir hatten damals nicht daran gedacht. 2. Daniela und Yvonne waren zum Schwimmbad gegangen. 3. Wir hatten uns warm angezogen. 4. Er hatte mir das schon zweimal versprochen. 5. Das Auto war plötzlich stehen geblieben. 6. Das war nicht so lustig gewesen. 7. Aber das hatte er verdient.

J. 1. -en, -en, -en, -e 2. -es, -er 3. -en, -en 4. -e, -er 5. -e, -e 6. -en, -en, — 7. -e, -en, -en, -en 8. —, -en, —, -e, -e, -e 9. -e, -e 10. -en, -e 11. -e, -en, -er, -es, -es, -en, -e 12. -e, -es, -es, -en 13. -en, -en, -en, -en, — 14. -er, —, -er

K. 1. gingen . . . aus 2. versuchten, waren 3. wollten, konnten 4. kamen, gab 5. war 6. lief 7. gefiel, war 8. lachte, hören konnte 9. kamen, sahen 10. aßen, tranken 11. bummelten

L. 1. als 2. wann 3. wenn 4. als 5. wenn 6. wann

M. 1. das Ende des Wortes 2. die Farbe uns(e)res Autos 3. der Sohn meines Onkels 4. der Eingang eu(e)res Hauses 5. der Name des Komponisten 6. der Wunsch aller Kinder 7. die Taschen mancher Frauen 8. Beethovens Musik 9. Bertolt Brechts Stück 10. die Geschichten des Herrn Keuner

N. 1. worauf / darauf; worin / darin; woran / daran; wozu / dazu; wofür / dafür; wodurch / dadurch; worüber / darüber; wovor / davor; wobei / dabei; wozwischen / dazwischen

2. a. woran, an meine b. wovon, von einem c. wovon, von meinen d. worauf, auf einen, darauf e. von ihren, davon f. an deine, an sie g. über den, worüber h. für, dafür i. für, für sie

O. 1. übermorgen; nach dem Abendessen; sonntags; morgen früh; um halb fünf / um 4.30 Uhr; in 15 Minuten / in einer Viertelstunde; Montagmorgen; am Dienstag; im Februar; am Wochenende; am Abend; im Herbst; meistens; manchmal; jedes Jahr; jetzt; nie; eines Tages

2. von März bis Mai; bis Mittwoch; bis Freitagnachmittag; bis Viertel vor elf / 10.45 Uhr; monatelang; einen Tag

P. 1. Ihre Eltern lebten jahrelang in der Nähe von Riesa.
2. Renate hat mit anderen Mädchen in einem Schülerheim in Dresden gewohnt.
3. Am Wochenende konnte sie nicht einfach nach Hause fahren.
4. Sie hatte keine Zeit, stundenlang mit der Bahn zu fahren.
5. Dafür ist sie während der Ferien gewöhnlich zu Hause geblieben.
6. Ihre Schule soll nicht leicht gewesen sein.
7. Sie musste jeden Tag schwer arbeiten.
8. Manchmal hat sie (stundenlang) mit ihrer Freundin (stundenlang) Klavier gespielt.
9. Renate hatte sich schon immer für klassische Musik interessiert.
10. Wir haben uns eines Tages bei einem Musikwettbewerb in Weimar kennen gelernt.

Q. 1. -en, -en 2. -en, -e, -en, -en, -en 3. -en, -e, -en, -en 4. -es, -er 5. -en, -en, -e, -en 6. -e 7. -er, -e

R. 1b, 2c, 3d, 4d, 5c, 6a, 7d, 8b, 9b, 10a, 11a, 12a, 13b, 14b, 15c, 16b, 17d, 18a, 19b, 20b, 21d, 22c, 23c, 24c, 25b, 26b, 27b, 28a/c, 29a, 30c

S. 1. Kurt, woran denkst du?—An meine Ferien. 2. Ich möchte mit Karl in den Bergen wandern. 3. Ich habe ihm / an ihn geschrieben und jetzt warte ich auf seinen Brief. 4. Darauf kannst du lange warten. 5. Wenn er ja sagt, bedeutet das / es nicht viel. 6. Vor zwei Jahren ist es genauso gewesen. 7. Als du die Karten gekauft hattest, wurde er plötzlich krank. 8. Er hatte sich wieder erkältet. 9. Wenn du möchtest, komme ich mit. 10. Hast du Lust, in den Bergen zu wandern?—Gern. 11. Wann können wir fahren?—Am ersten Tag der Ferien / Ferientag. 12. Wie fahren wir?—Mit dem Zug. 13. Wo übernachten wir?—In billigen Jugendherbergen. 14. Kannst du die Kamera deines Vaters / von deinem Vater mitbringen? 15. Nein, seine Kamera ist zu teuer; sie kann kaputt gehen. 16. Vielleicht nehme ich Susis Kamera. Ihre Kamera ist auch gut.

RÜCKBLICK KAPITEL 12–15

A. 1. das Haushaltsgeld; *housekeeping money* 2. das Chemielabor; *chemistry lab* 3. die Zwischenprüfungsnote; *grade for the intermediate qualifying exam* 4. die Rechtsanwaltfirma; *law firm* 5. die Liebesgeschichte; *love story* 6. die Berglandschaft; *mountain scenery* 7. der Hals-Nasan-Ohren-Arzt; *ear, nose, and throat specialist* 8. das Berufsentscheidungsproblem; *problem in deciding on a profession* 9. die Lebenserfahrung; *life experience* 10. das Wintersemestervorlesungsverzeichnis; *winter semester course catalog*

B. 1. a. denken b. planen c. träumen d. verkaufen e. versuchen f. wünschen g. bauen h. erklären

2. a. reich b. dünn c. fleißig d. wunderbar e. hübsch / schön f. dunkel g. interessant h. öffentlich i. sauber j. leicht k. (auf)bauen l. anfangen m. wegwerfen n. finden o. erlauben p. erinnern an q. der Frieden r. das Hauptfach s. die Unsicherheit t. die Erhaltung / der (Wieder)aufbau

C. 1. a. berühmt, berühmter, am berühmtesten b. dumm, dümmer, am dümmsten c. faul, fauler, am faulsten d. gern, lieber, am liebsten e. groß, größer, am größten f. gut, besser, am besten g. heiß, heißer, am heißesten h. hoch, höher, am höchsten i. nah, näher, am nächsten j. hübsch, hübscher, am hübschesten k. kalt, kälter, am kältesten l. kurz, kürzer, am kürzesten m. nett, netter, am nettesten n. sauber, sauberer, am saubersten o. stolz, stolzer, am stolzesten p. schwierig, schwieriger, am schwierigsten q. viel, mehr, am meisten r. warm, wärmer, am wärmsten

2. a. einer schöneren b. schöner als c. interessantere d. die anstrengendste e. das höchste f. die meisten und (die) besten g. netteren h. die größte i. je länger, desto besser j. genauso viel wie k. weniger als

D. 1. der Freund, a. der gerade hier war; b. den du kennen gelernt hast; c. dem das Büchergeschäft in der Goethestraße gehört; d. dessen Firma in Stuttgart ist

2. die Ärztin, a. deren Sekretärin uns angerufen hat; b. die hier neu ist; c. durch die wir von dem Programm gehört haben; d. mit der ich gesprochen habe

3. das Gebäude, a. das ihr bald sehen werdet; b. an dem du vorbeigefahren bist; c. das auf der Insel steht; d. von dem man einen wunderschönen Blick hat

4. die Leute, a. die wie Amerikaner aussehen; b. deren Bus dort steht; c. denen die Landschaft so gut gefällt; d. für die du dich interessiert hast; e. mit denen du geredet hast

E. 1. Ich werde an einer Gruppenreise teilnehmen. 2. Das wird billiger sein. 3. Du wirst ihnen das Geld bald schicken müssen. 4. Meine Tante wird versuchen, uns in Basel zu sehen. 5. Wie wird sie uns finden? 6. Das wirst du ihr erklären müssen.

F. 1. a. Ich würde mich besser fühlen, wenn die Arbeit fertig wäre.
b. Das wäre wunderschön.
c. Ihr könntet uns dann besuchen.
d. Ich wünschte, Rolf hätte mehr Zeit.
e. Wenn ich mich nur daran gewöhnen könnte!
f. Könntest du mir das erklären?
g. Ich wünschte, er redete nicht so viel am Telefon (würde . . . reden).
h. Was tätest du / würdest du tun?

2. a. Wir hätten nicht in die Berge fahren sollen.
b. Ich wünschte, wie wäre zu Hause geblieben.
c. Das wäre einfacher gewesen.
d. Wenn wir nur nicht so viel gewandert wären!
e. Wenn du bessere Schuhe mitgenommen hättest, hätten dir die Füße nicht wehgetan.
f. Du hättest mich daran erinnern sollen.
g. Ich hätte es schöner gefunden, wenn ich zu Hause geblieben wäre.

G. Ich studiere hier. Ich würde dort studieren. Möchtest du dort / Würdest du dort gern studieren? Ich wünschte, ich könnte dort studieren. Sie hätte dort studieren können. Wenn ich dort studiere, wird mein Deutsch besser (werden). Wenn ich dort studierte / studieren würde, könnte ich euch besuchen. Ich hätte dort studieren sollen.

H. 1. David schrieb, er hätte eine nette Wohnung. Sein Zimmerkollege wäre aus New York. Er lernte (würde . . . lernen) viel von ihm. Er spräche (würde . . . sprechen) nur Englisch. Manchmal ginge (würde . . . gehen) er auch zu Partys. Er würde viele nette Studenten kennen lernen. Die meisten wohnten (würden . . . wohnen) im Studentenheim. Das wäre ihm zu teuer. Die Kurse und Professoren wären ausgezeichnet. Er müsste viel lesen und es gäbe (würde . . . geben) viele Prüfungen, aber eigentlich hätte er keine Probleme.

2. David schrieb, er hätte eine nette Wohnung gehabt. Sein Zimmerkollege wäre aus New York gewesen. Er hätte viel von ihm gelernt. Er hätte nur Englisch gesprochen. Manchmal wäre er auch zu Partys gegangen. Er hätte viele nette Studenten kennen gelernt. Die meisten hätten im Studentenheim gewohnt. Das wäre ihm zu teuer gewesen. Die Kurse und Professoren wären ausgezeichnet gewesen. Er hätte viel lesen müssen und es hätte viele Prüfungen gegeben, aber eigentlich hätte er keine Probleme gehabt.

I. 1. Diese Universität wird von vielen Studenten besucht.
2. Dieses Jahr werden die Studentenheime renoviert.
3. Ein neues Theater wird gebaut.
4. In dem alten Theater sind viele schöne Theaterstücke gespielt worden.
5. Am Wochenende sind dort auch Filme gezeigt worden.
6. In der Mensa wurde dann darüber gesprochen.
7. Am 1. Mai wird das Theater eröffnet werden.
8. Dieser Tag muss gefeiert werden.

J. 1. Jetzt bin ich mit meinem ersten Jahr Deutsch fertig geworden. 2. Ich habe wirklich viel gelernt. 3. Ich hätte nie gedacht, dass es so viel Spaß machen könnte. 4. Nicht alles war leicht (ist . . . gewesen). 5. Ich musste viele Wörter lernen. 6. Viele Fragen mussten beantwortet werden. 7. Bald haben wir uns(e)re letzte Prüfung. 8. Weil ich mich immer gut vorbereitet habe, muss ich jetzt nicht so schwer arbeiten. 9. Nach der Prüfung wird gefeiert. 10. Ich bin von einigen Freunden zu einer Party eingeladen worden. 11. Wenn ich (das) Geld hätte, würde ich jetzt nach Europa fliegen. 12. Dann könnte ich viele der Städte sehen, worüber wir gelesen haben, und ich könnte mein Deutsch benutzen.

K. 1d, 2c, 3a, 4a, 5d, 6c, 7c, 8d, 9c, 10a, 11b, 12b, 13c, 14c, 15a, 16a, 17c, 18c, 19b, 20d, 21d, 22c, 23a, 24b, 25c, 26b